✠ J.M.J. ✠

I0173033

EL LIBRO DE ORACIONES DE LA HORA SANTA

«¿NO PUDISTE VELAR UNA HORA CONMIGO?»

MEDITACIONES Y REFLEXIONES

FULTON J. SHEEN

El Obispo Sheen en la actualidad

280 Calle Juan, Midland, Ontario, Canadá, L4R 2J5

www.bishopsheentoday.com

Edición y formateo del libro por Ajayi Isaac

mailto:smeplegacy@gmail.com/ +2348162435897

Diseño de portada por Janika Barman

www.twitter.com/barman_janika

En la portada: Imagen de la Sagrada Hostia en la custodia, colocada en el altar mayor de la Catedral de Santa María de la Inmaculada Concepción ubicada en Peoria, Illinois, durante la Adoración Eucarística. (Cortesía de Phillip Lee) www.cdop.org

Datos de catalogación en publicación de la Biblioteca del Congreso

Nombres: Sheen, Fulton J. (Fulton John), 1895-1979, autor. | Smith, Allan J., editor.

Sheen, Fulton J. (Fulton John), 1895-1979. La Hora Santa: lectura y oraciones para una hora diaria de meditación. Preparado para el Consejo Nacional de Hombres Católicos. Huntington, IN: Nuestro visitante dominical, (1946)

La armadura de Dios: Reflexiones y oraciones para tiempos de guerra. Registrado a nombre de P. J. Kenedy and Sons bajo el número de tarjeta de catálogo del Congreso de la

Biblioteca: A 174944, después de la publicación el 15 de julio de 1943

Smith, Al (Allan J.) editor - Señor enséñanos a orar: una antología de Fulton Sheen. Manchester, New Hampshire: Sophia Institute Press, 2019, ISBN 9781644130834.

Título: El Libro de Oraciones de la Hora Santa. —«¿No pudiste velar una hora conmigo?»

Meditaciones y reflexiones de Fulton J. Sheen.

Fulton J. Sheen; compilado por Allan J. Smith.

Descripción: Midland, Ontario: Bishop Sheen Hoy, 2021

Identificadores:

ISBN: 978-1-997627-41-8 (rústica)

ISBN: 978-1-997627-42-5 (libro electrónico)

ISBN: 978-1-997627-43-2 (tapa dura)

Incluye referencias bibliográficas.

Temas: Jesucristo — La Hora Santa — Oración y Meditación

DEDICADO A

NUESTRA SEÑORA SEDE DE LA SABIDURÍA

EN HUMILDE PETICIÓN

QUE A TRAVÉS DE TU

CORAZÓN INMACULADO

EL MUNDO PUEDE ENCONTRAR

SU CAMINO DE REGRESO A

EL SAGRADO CORAZÓN DE

TU DIVINO HIJO

Ad maiorem Dei gloriam

Inque hominum salutem

Tabla de contenidos

ORACIONES DE MEDITACIÓN Y PETICIÓN

¿POR QUÉ HACER

UNA HORA SANTA?

El propósito de estas meditaciones es ayudar a las almas a asegurar una paz interior meditando una hora continua al día sobre Dios y nuestro destino inmortal. Si uno usa o no estas meditaciones no importa en lo más mínimo. Algunos judíos, algunos protestantes y algunos católicos pueden encontrarlo muy insatisfactorio. Sin embargo, si los rechazan porque desean hacer la Hora Santa a su manera, habrán logrado su propósito. Lo que es vital no es que se usen estas meditaciones, sino que haya meditación.

Pero, ¿por qué dedicar una hora al día a la meditación? Porque estamos viviendo en la superficie de nuestras almas, sabiendo poco de Dios o de nuestro ser interior. Nuestro conocimiento es principalmente sobre las cosas, no sobre el destino. La mayoría de nuestras dificultades y decepciones en la vida se deben a errores en nuestros planes de vida. Habiendo olvidado el propósito de la vida, hemos dudado incluso del valor de la vida. Un hueso roto da dolor porque no está donde debería estar; nuestras almas están en agonía porque no estamos atendiendo a la plenitud de la Vida, la Verdad y el Amor, que es Dios.

Pero, ¿por qué hacer una Hora Santa? Aquí hay diez razones.

(1) Porque es tiempo que se pasa en la Presencia de Nuestro Señor mismo. Si la fe está viva, no se necesita más razón.

(2) Porque en nuestra vida ocupada se necesita un tiempo considerable para sacudirnos los "demonios del mediodía", las preocupaciones mundanas, que se aferran a nuestras almas, como polvo. Una hora con Nuestro Señor sigue la experiencia de los discípulos en el camino a Emaús (Lucas 24:13-35). Comenzamos caminando con Nuestro Señor, pero nuestros ojos están "fijos" para que no lo "reconozcamos". A continuación, conversa con nuestra alma, mientras leemos las Escrituras. La tercera etapa es de dulce intimidad, como cuando 'se sentó a la mesa con ellos'. La cuarta etapa es el pleno amanecer del misterio de la Eucaristía. Nuestros ojos se "abren" y lo reconocemos. Finalmente, llegamos al punto en el que no queremos irnos. La hora parecía tan corta. A medida que nos levantamos, preguntamos:

¿No ardía nuestro corazón dentro de nosotros cuando nos habló en el camino, y cuando nos aclaró las Escrituras? (Lucas 24:32.)

(3) Porque Nuestro Señor lo pidió.

¿No tenías, pues, fuerzas para velar conmigo ni siquiera una hora? (Mateo 26:40.)

La palabra fue dirigida a Pedro, pero se le conoce como Simón. Es nuestra naturaleza de Simón la que necesita la hora. Si la hora parece dura, es porque... El Espíritu está dispuesto, pero la carne es débil. (Marcos 14:39.)

(4) Porque la Hora Santa mantiene un equilibrio entre lo espiritual y lo práctico. Las filosofías occidentales tienden a un activismo en el que Dios no hace nada, y el hombre todo; las filosofías orientales tienden a un quietismo en el que Dios lo hace todo y el hombre nada. El término medio está en las palabras de Santo Tomás: "la acción sigue al descanso", Marta caminando con María. La Hora Santa une al contemplativo con la vida activa de la persona.

Gracias a la hora con Nuestro Señor, nuestras meditaciones y resoluciones pasan del consciente al subconsciente y luego se convierten en motivos de acción. Un nuevo espíritu comienza a impregnar nuestro trabajo. El cambio es efectuado por Nuestro Señor, Quien llena nuestro corazón y obra a través de nuestras manos. Una persona sólo puede dar lo que posee. Para dar a Cristo a los demás, uno debe poseerlo.

(5) Porque la Hora Santa nos hará practicar lo que predicamos.

He aquí una imagen, dijo, del reino de los cielos; Había una vez un rey que hizo un banquete de bodas para su hijo, y envió a sus siervos con una citación a todos los que había invitado a la boda; pero no quisieron venir. (Mat. 22:2, 3.)

Está escrito por Nuestro Señor que Él "se propuso hacer y enseñar" (Hechos 1:1). La persona que practica la Hora Santa encontrará que cuando enseña, la gente dirá de él como del Señor:

Todo... estaban asombrados de las amables palabras que salían de su boca. (Lucas 4:22.)

(6) Porque la Hora Santa nos ayuda a reparar tanto los pecados del mundo como los nuestros. Cuando el Sagrado Corazón se apareció a Santa Margarita María, fue Su Corazón, y no Su Cabeza, el que estaba coronado de espinas. Fue el Amor el que resultó herido. Misas negras, comuniones sacrílegas, escándalos, ateísmo militante, ¿quién los

compensará? ¿Quién será un Abraham para Sodoma, una María para los que no tienen vino? Los pecados del mundo son nuestros pecados como si los hubiéramos cometido. Si causaron a Nuestro Señor un sudor sangriento, hasta el punto de reprender a Sus discípulos por no haber permanecido con Él una hora, ¿preguntaremos con Caín?

¿Es a mí a mí a mí a mí velar por mi hermano?

(Génesis 4:9.)

(7) Porque reduce nuestra propensión a la tentación y a la debilidad. Presentarnos ante Nuestro Señor en el Santísimo Sacramento es como exponer a un enfermo tuberculoso al aire y a la luz del sol. El virus de nuestros pecados no puede existir por mucho tiempo frente a la Luz del mundo.

Siempre puedo tener al Señor a la vista; Él siempre está a mi diestra, para hacerme mantener firme. (Salmos 15:8.)

Se impide que nuestros impulsos pecaminosos surjan a través de la barrera erigida cada día por la Hora Santa. Nuestra voluntad se predispone al bien con poco esfuerzo consciente de nuestra parte. A Satanás, el león rugiente, no se le permitió extender su mano para tocar al justo Job hasta que recibió permiso (Job 1:12). Ciertamente, entonces el Señor retendrá la caída grave del que vigila (1 Corintios 10:13). Con plena confianza en su Señor Eucarístico, la persona tendrá una resistencia espiritual. Se recuperará rápidamente después de una caída: Caiga yo, no es más que levantarme de nuevo, me siento en las tinieblas, el Señor será mi luz. Debo soportar el desagrado del Señor, yo que he pecado contra él, hasta que al fin admita mi súplica y conceda reparación. (Miqueas 7:8, 9.)

El Señor será favorable incluso a los más débiles de nosotros, si nos encuentra a sus pies en adoración, disponiéndonos a recibir los favores divinos. Tan pronto como Saulo de Tarso, el perseguidor, se humilló ante su Hacedor, Dios envió un mensajero especial para socorrerlo, diciéndole que "ahora mismo está en sus oraciones" (Hechos 9:11). Incluso la persona que ha caído puede esperar que la tranquilicen si observa y ora.

Aumentarán los que hasta ahora habían menguado, serán exaltados, los que una vez fueron humillados. (Jeremías 30:19, 20.)

8) Porque la Hora Santa es una oración personal, la persona, que se limita estrictamente a su obligación oficial, es como el hombre de la unión que deja las herramientas en el momento en que suena el silbato. El amor comienza cuando

el deber termina. Es una entrega del manto cuando se toma el abrigo. Es caminar la milla extra.

La respuesta vendrá antes de que se pronuncie el grito de auxilio; La oración encuentra audiencia mientras aún está en sus labios. (Isaías 65:24.)

Por supuesto, no tenemos que hacer una Hora Santa, y ese es el punto. El amor nunca es obligado, excepto en el infierno. Allí el amor tiene que someterse a la justicia. Ser forzado a amar sería una especie de infierno. Ningún hombre que ame a una mujer está obligado a darle un anillo de compromiso, y ninguna persona que ame al Sagrado Corazón tiene que dar una Hora de Compromiso.

—¿Te irías tú también? (Juan 6:68) es amor débil; —¿Estás durmiendo? (Marcos 14:37) es amor irresponsable; "Tenía grandes posesiones" (Mateo 19:22; Marcos 10:22) es amor egoísta. Pero, ¿tiene la persona que ama a Su Señor tiempo para otras actividades antes de realizar actos de amor "más allá del llamado del deber"? ¿Ama el paciente al médico que cobra por cada llamada, o empieza a amar cuando el médico le dice: "Acabo de pasar por aquí para ver cómo estabas"?

(9) La meditación nos impide buscar un escape externo de nuestras preocupaciones y miserias. Cuando surgen dificultades, cuando los nervios se tensan con falsas acusaciones, siempre existe el peligro de que miremos hacia afuera, como lo hicieron los israelitas, en busca de liberación.

Del Señor Dios, el Santo de Israel, se os ha dado la palabra: Volved y quédense quietos, y todo os irá bien; En la quietud y en la confianza reside tu fuerza. Pero tú no querías tener nada de eso; ¡A caballo! ¡Has gritado, hay que huir! y huiréis; Debemos cabalgar con rapidez, dijiste, pero más rápidos aún son tus perseguidores. (Isaías 30:15, 16.)

Ninguna escapatoria externa, ni el placer, ni la bebida, ni los amigos, ni mantenerse ocupado, es una respuesta. El alma no puede "volar sobre un caballo"; Debe llevar "alas" a un lugar donde su "vida está escondida... con Cristo en Dios" (Colosenses 3:3).

(10) Finalmente, porque la Hora Santa es necesaria para la Iglesia. Nadie puede leer el Antiguo Testamento sin tomar conciencia de la presencia de Dios en la historia. ¡Cuántas veces Dios usó a otras naciones para castigar a Israel por sus pecados! Hizo de Asiria la "vara que ejecuta mi venganza" (Isaías 10:5). La historia del mundo desde la Encarnación es el

Vía Crucis. El surgimiento de las naciones y su caída permanecen relacionados con el Reino de Dios. No podemos entender el misterio del gobierno de Dios, porque es el "libro sellado" de la gran tribulación. Juan lloró cuando lo vio (Apocalipsis 5:4). No podía entender por qué ese momento de prosperidad y esa hora de adversidad.

El único requisito es la aventura de la fe, y la recompensa es la profundidad de la intimidad para aquellos que cultivan Su amistad. Permanecer con Cristo es comunión espiritual, como Él insistió en la noche solemne y sagrada de la Última Cena, el momento que eligió para darnos la Eucaristía:

Tú sólo tienes que vivir en mí, y yo viviré en ti. (Juan 15:4.)

Él nos quiere en su morada, para que vosotros también estéis donde yo estoy. (Juan 14:3.)

CÓMO HACER LA HORA SANTA

"No dejes que nada te impida orar siempre, y no temas ser justificado hasta la muerte, porque las recompensas de Dios continúan para siempre. Antes de la oración, prepara tu alma; y no seas como un hombre que tienta a Dios" (Sir. 18; 22-23).

La oración es la elevación de nuestra alma a Dios hasta el fin de corresponder perfectamente a Su Santa Voluntad. Nuestro Divino Señor, describiendo Su Misión, dijo: "Porque he descendido del cielo, no para hacer mi voluntad, sino la voluntad del que me envió... al Padre, para que no pierda nada de lo que él me ha dado, sino que lo resucite en el día postrero" (Juan 6:38, 39). "Mi alimento es hacer la voluntad del que me envió, para que se cumpla su obra" (Juan 4:34).

Para corresponder a la Voluntad Divina, debemos, en primer lugar, conocerla, y en segundo lugar, tener la gracia y la fuerza para corresponder con ella, una vez que se conoce. Pero para alcanzar estos dos dones de luz para nuestras mentes y de poder para nuestras voluntades, debemos vivir en términos de amistad íntima con Dios. Esto se hace a través de la oración. Por lo tanto, una vida de oración es una vida en conformidad con la Santa Voluntad de Dios, así como una vida sin oración es una vida de voluntad propia y egoísmo.

Hay un elemento de oración común a los judíos, protestantes y católicos, a saber, la creencia en Dios. Más de la mitad de las oraciones, por ejemplo, que un sacerdote dice en su Oficio Divino, están tomadas del Antiguo Testamento. En relación con los tres, es decir, judíos, protestantes y católicos; por lo tanto, se entenderá una Hora Santa como una Hora al día dedicada a meditar sobre Dios y nuestra salvación eterna. Esta Hora Santa se puede hacer en cualquier lugar.

Para los católicos, sin embargo, la Hora Santa tiene un significado muy especial. Significa una Hora continua e ininterrumpida pasada en la presencia de Nuestro Divino Señor en la Eucaristía; por lo cual se ha incluido en este libro una meditación sobre la Santísima Eucaristía como una de estas meditaciones.

En el caso de los sacerdotes y religiosos, se sugiere que hagan esta Hora Santa además de su rezo habitual del Oficio Divino y la Santa Misa.

Esta Hora Santa se dedicará a la oración y a la meditación. Aquí se hace una distinción entre los dos, con énfasis en el último. Por oración, entendemos aquí la recitación de oraciones formales, generalmente compuestas por una persona diferente de la que ora.

Los Salmos representan una de las formas más elevadas de oración vocal y son comunes a judíos, protestantes y católicos. Otras oraciones vocales incluyen el Padre Nuestro, el Ave María, el Credo, el Confiteor, los Actos de Fe, Esperanza y Caridad, y miles de otras oraciones que se encuentran en los libros religiosos. Hay tres clases de atención en la oración vocal: (1) a las palabras, para que no las digamos mal; (2) a su sentido y significado; y (3) a Dios y a la intención por la que oramos. El último tipo de atención es esencial para la oración vocal.

Pero el propósito principal de estas meditaciones de la Hora Santa es el cultivo de la oración mental o meditación. Muy pocas almas meditan jamás; O bien se asustan por la Palabra o bien nunca se les enseñó su existencia. En el orden humano, una persona enamorada es siempre consciente de la persona amada, vive en presencia del otro, se resuelve a hacer la voluntad del otro y considera como sus mayores celos ser superados en la menor ventaja de la donación de sí mismo.

Aplica esto a un alma enamorada de Dios, y tendrás los rudimentos de la meditación.

La meditación es, por lo tanto, una especie de comunión del espíritu con el espíritu, con Dios como su objeto. Sin intentar establecer los aspectos formales de la meditación, sino hacerla lo más inteligible posible para los principiantes, la técnica de meditación es la siguiente:

(1) Hablamos con Dios: Comenzamos poniéndonos en la presencia de Dios. Para aquellos que hacen la Hora Santa ante el Santísimo Sacramento, debe haber una conciencia de nuestra presencia ante el Cuerpo, la Sangre, el Alma y la Divinidad de Nuestro Señor y Salvador Jesucristo. Naturalmente, hay diversos grados de intimidad con las personas. En un teatro, hay cientos de personas presentes, pero poca o ninguna intimidad entre ellos. La intimidad se profundiza en la medida en que establecemos una conversación con uno o más de ellos, y en la medida en que esta conversación surge de un interés común. Así es con Dios.

La oración, por tanto, no es un mero pedir cosas, sino un intento de transformación; es decir, un llegar a ser "conforme a la imagen de su Hijo" (Romanos 8:29). Oramos no para disponer a Dios a darnos algo, sino para disponernos a recibir algo de Él: la plenitud de la Vida Divina.

(2) Dios nos habla: La actividad no es solo del lado humano, sino también del lado Divino. Una conversación es un intercambio, no un monólogo. Así como el alma quiso acercarse a Dios, Dios quiere acercarse al alma. Sería un error monopolizar la conversación con los amigos, pero es más malo hacerlo en nuestras relaciones con Dios. No debemos hablar todos; También debemos ser buenos oyentes. "Habla, Señor, porque tu siervo oye" (1 Reyes 3:9).

El alma ahora experimenta la verdad de las palabras: "Acércate a Dios, y él se acercará a ti" (Santiago 4:8). Durante toda la meditación, concebirá afectos devotos de adoración, petición, sacrificio y reparación a Dios, pero particularmente al final de la meditación. Estos afectos o coloquios deben ofrecerse preferentemente en nuestro propio idioma, porque cada alma debe hacer su propio amor a Dios, y Dios ama a cada alma de una manera particular.

"Al principio, el alma atraída a Jesús por algún impulso de la gracia, viene a Él, llena de pensamientos y aspiraciones naturales, y muy ignorante de lo sobrenatural. No entiende ni a Dios ni a sí mismo. Tiene algunas relaciones íntimas con la

Divinidad fuera de sí mismo y dentro de sí mismo, pero comienza a conversar con Jesús. Si persiste en la frecuentación de su compañía, el Señor gradualmente toma una parte cada vez más grande en la conversación y comienza a iluminar el alma. En su contemplación de los misterios de la fe, le ayuda a penetrar más allá de las palabras, los hechos y los símbolos, hasta ahora conocidos sólo superficialmente, y a captar el sentido interno de las verdades sobrenaturales contenidas en estos hechos, palabras o símbolos. Las Escrituras se abren gradualmente al alma. Los textos conocidos comienzan a adquirir un significado nuevo y más profundo. Las expresiones familiares transmiten un conocimiento que el alma se maravilla de no haber descubierto nunca antes en ellas. Toda esta nueva luz está dirigida a dar una comprensión más plena y perfecta de los misterios de nuestra fe, que son los misterios de la vida de Jesús" (Leen, Progress Through Mental Prayer, p. 29. Sheed y Ward).

No leas estas meditaciones como una historia. Lee unas líneas lentamente; cerrar el libro; piensa en la verdad contenida en ellos; aplícalos a tu propia vida; habla con Dios de lo poco que has correspondido a Su Voluntad, de lo ansioso que estás por hacerla. escucha a Dios hablando a tu alma. haz actos de fe, esperanza y amor a Dios, y solo cuando ese tren de pensamiento se haya agotado, debes pasar a la siguiente idea. Una sola Hora Santa no requerirá necesariamente la lectura de un capítulo de este libro. Si uno medita bien, un solo capítulo debería proporcionar pensamientos para muchas Horas Santas.

Cuando se agote este libro de meditaciones, toma las Sagradas Escrituras o algún libro verdaderamente espiritual, o la vida de un santo, y úsalo como inspiración y meditación.

PRIMERA MEDITACIÓN

LA ENCARNACIÓN DE NUESTRO SEÑOR
Y SALVADOR JESUCRISTO

El Amor Divino es naturalmente expansivo, pero el Amor Divino es creativo. El amor le contó el secreto de su bondad a la nada, y eso fue la creación. El amor hizo algo semejante a su imagen y semejanza, y eso fue el hombre. El amor es pródigo en sus dones, y esa fue la elevación del hombre a la filiación adoptiva de Dios. El amor siempre debe correr el riesgo de no ser amado a cambio, porque el amor es gratis. El corazón humano se negó a devolver ese amor de la única manera en que el amor puede ser demostrado, es decir, con la confianza y la confianza en un momento de prueba. El hombre, de este modo, perdió los dones de Dios, oscureció su intelecto, debilitó su voluntad y trajo al mundo el primer pecado o el pecado original, porque el pecado es, en última instancia, un rechazo al amor.

Fue el rechazo del hombre a amar lo mejor lo que creó el problema más difícil en toda la historia de la humanidad, a saber, el problema de restaurar al hombre al favor del Amor Divino. En resumen, el problema era este: el hombre había pecado, pero su pecado no era simplemente una rebelión contra otro hombre, sino una rebelión contra el Amor Infinito de Dios. Por lo tanto, su pecado era infinito.

Este es uno de los aspectos del problema. El otro lado es el siguiente: toda infracción o violación de una ley exige reparación o expiación. Puesto que Dios es Amor Infinito, Él podría perdonar al hombre y olvidar la injuria, pero el perdón sin compensación eclipsaría la Justicia, que es la naturaleza de Dios. Sin poner límites a la misericordia de Dios, se podría comprender mejor su acción si su misericordia estuviera precedida de una satisfacción por el pecado, porque nunca se puede ser misericordioso si no se es justo. La Misericordia es el desbordamiento de la Justicia.

Pero suponiendo que el hombre diera satisfacción, ¿podría satisfacer adecuadamente su pecado? No, porque la satisfacción, reparación o expiación que el hombre tenía para ofrecer era sólo finita.

El hombre, que es finito, tiene una deuda infinita. Pero, ¿cómo puede un hombre que debe un millón pagar la deuda con un centavo? ¿Cómo puede el ser humano expiar lo

Divino? ¿Cómo se pueden reconciliar la Justicia y la Misericordia? Si alguna vez se ha de satisfacer la caída del hombre, lo finito y lo infinito, lo humano y lo divino, Dios y el hombre, deben estar vinculados de alguna manera. No sería bueno que solo Dios descendiera y sufriera como solo Dios; porque entonces, Él no tendría nada en común con el hombre; el pecado no era de Dios, sino del hombre. No sería suficiente para el hombre solo sufrir o expiar, porque el mérito de sus sufrimientos sería solo finito. Para que la satisfacción fuera completa, tendrían que cumplirse dos condiciones: el hombre tendría que ser hombre para actuar como hombre y expiar; el hombre tendría que ser Dios para que sus sufrimientos tuvieran un valor infinito. Pero para que lo finito y lo infinito no actúen como dos personalidades distintas, y para que el mérito infinito resulte del sufrimiento del hombre, Dios y el hombre de alguna manera tendrían que convertirse en uno, o en otras palabras, tendría que haber un Dios-hombre. Si la Justicia y la Misericordia se reconciliaran, tendría que haber una Encarnación, lo que significa que Dios asumió una naturaleza humana de tal manera que sería verdadero Dios y verdadero hombre. Tendría que haber una unión de Dios y el hombre, y esta unión tuvo lugar en el nacimiento de nuestro Señor y Salvador, Jesucristo.

El amor tiende a ser como el amado; De hecho, incluso desea convertirse en uno con el ser amado. Dios amó al hombre indigno. Él quiso llegar a ser uno con él, y esa fue la Encarnación. Una noche salió sobre la quietud de la brisa de la tarde, sobre las blancas colinas de tiza de Belén, un grito, un suave grito. El mar no escuchó el grito, porque el mar estaba lleno de su propia voz. La tierra no oyó el clamor, porque la tierra dormía. Los grandes hombres de la tierra no escucharon el clamor, porque no podían entender cómo un niño podía ser más grande que un hombre. Los reyes de la tierra no oyeron el clamor, porque no podían comprender cómo un rey podía nacer en un establo. Solo dos clases de hombres escucharon el grito esa noche: los pastores y los reyes magos. Pastores: los que saben que no saben nada. Reyes Magos: los que saben que no lo saben todo. Pastores: pobres hombres sencillos que sólo sabían apacentar sus rebaños, que tal vez no podían decir quién era el gobernador de Judea; que, tal vez, no conocía una sola línea de Virgilio, aunque no había un solo romano que no pudiera citarlo. Por otro lado, estaban los Reyes Magos; no Reyes, sino maestros de Reyes; hombres que sabían leer las estrellas, contar la historia de sus movimientos; hombres que estaban constantemente empeñados en ser descubiertos. Ambos oyeron el grito. Los Pastores encontraron a su Pastor;

los Reyes Magos descubrieron la Sabiduría. Y el Pastor y la Sabiduría era un Niño en una cuna.

El que nace sin madre en el Cielo, nace sin padre en la tierra. El que hizo a su madre, de su madre nace. El que hizo toda carne ha nacido de la carne. "El pájaro que construyó el nido nace en él". Hacedor del sol, bajo el sol; Moldeador de la tierra, en la tierra; Inefablemente Sabio, un pequeño infante; llenando el mundo, acostado en un pesebre; gobernando las estrellas, amamantando un pecho; llora el regocijo del Cielo, Dios se hace hombre; Creador, una criatura. Los ricos se convierten en pobres; La divinidad, encarnada; Majestad, subyugada; Libertad, cautiva; La eternidad, el tiempo; Amo, un siervo; La verdad, acusada; Juez, juzgado; La justicia, condenada; Señor, azotado; Poder, atado con cuerdas; Rey, coronado de espinas; Salvación, herido; Vida, muerto. "El Verbo Eterno es mudo". ¡Maravilla de maravillas! ¡Unión de sindicatos! Tres uniones misteriosas en una; Divinidad y humanidad; Virginidad y fecundidad; La fe y el corazón del hombre.

Se necesita un Ser Divino, un Ser Infinito para usar los mismos instrumentos de la derrota como instrumentos de la victoria. La caída vino a través de tres realidades: Primero, un hombre desobediente: Adán. En segundo lugar, una mujer

23

orgullosa: Eva. Tercero, un árbol. La reconciliación y la redención del hombre llegaron a través de estos mismos tres. Porque el hombre desobediente, Adán, era el nuevo Adán obediente de la raza humana, Cristo; para la orgullosa Eva, allí estaba la humilde María; y para el árbol, la Cruz.

Nuestro Señor no anduvo por la tierra para siempre, diciéndole a la gente lugares comunes acerca de la verdad. No solo explicaba la verdad, la derrota, la resignación y el sacrificio. Todos los demás lo hicieron. El objetivo que buscaba era la muerte. Desde el principio hasta el fin, solo una visión estaba ante sus ojos: iba a morir. No morir porque Él no pudo evitarlo, sino morir porque Él lo quiso. La muerte no fue un incidente en su carrera; no era un accidente en Su plan, era el único asunto que tenía que hacer. Durante toda su vida redentora, esperó su muerte redentora. Él anticipó Su derramamiento de sangre en el Calvario por Su circuncisión a los ocho días de edad. Al comienzo de su ministerio público, su presencia inspiró a Juan a clamar a sus discípulos en el Jordán: "He aquí el Cordero de Dios" (Juan 1:29). Respondió a la confesión de Su Divinidad por Pedro en Cesárea de Filipo que "era necesario que padeciera muchas cosas de parte de los ancianos, de los escribas y de los principales sacerdotes, y que fuera muerto, y que resucitara al tercer día" (Mateo 16:21); los días pesados de plomo le hicieron exclamar con hermosa impaciencia: "Tengo un bautismo para ser bautizado; ¡Y cuán angustiado estoy hasta que se cumpla!" (Lucas 12:50). Al miembro del Sanedrín que buscara una señal, Él predijo Su muerte en la Cruz. Él respondió: "Y como Moisés levantó la serpiente en el desierto, así también es necesario que el Hijo del Hombre sea levantado, para que los que creen en él no perezcan, sino que tengan vida eterna" (Juan 3:14-15). A los fariseos, que eran como ovejas sin pastor, les dijo: "Yo soy el buen pastor. El buen pastor da su vida por sus ovejas... y doy mi vida por mis ovejas... Nadie me lo quita, sino que yo lo doy por mí mismo. Tengo poder para dejarlo, y tengo poder para tomarlo de nuevo. Tal es el mandamiento que he recibido de mi Padre" (Juan 10:11, 16, 18). A todos los hombres de todos los tiempos que quisieran olvidar que Él ha venido como Nuestro Redentor y Salvador, Él les dice las palabras más tiernas que jamás hayan sido arrebatadas en esta tierra pecaminosa: "Porque de tal manera amó Dios al mundo, que ha dado a su Hijo unigénito, para que los que en él creen no se pierdan, sino que tengan vida eterna. Porque Dios no envió a su Hijo al mundo para juzgar al mundo, sino para que el mundo se salve por él" (Juan 3:16-17).

El arrepentimiento y la confesión
de David después de su pecado

Ten misericordia de mí, oh Dios, conforme a tu gran misericordia. Y conforme a la multitud de tus tiernas misericordias, borra mi iniquidad. Lávame aún más de mi iniquidad y límpiame de mi pecado. Porque yo conozco mi iniquidad, y mi pecado está siempre delante de mí. A ti solo he pecado y he hecho lo malo delante de ti, para que seas justificado en tus palabras y venzas cuando seas juzgado. Porque he aquí que en iniquidades fui concebido, y en pecados me concibió mi madre. Porque he aquí que has amado la verdad, y me has manifestado lo incierto y oculto de tu sabiduría. Me rociarás con hisopo, y quedaré limpio, aunque me laves, y me pondré más blanco que la nieve. A mis oídos darás gozo y alegría, y se regocijarán los huesos humillados. Aparta tu rostro de mis pecados y borra todas mis iniquidades. Crea en mí, oh Dios, un corazón limpio, y renueva un espíritu recto dentro de mis entrañas. No me eches de tu rostro, ni quites de mí tu espíritu santo. Devuélveme el gozo de tu salvación y fortaléceme con un espíritu perfecto. Enseñaré a los impíos tus caminos, y los impíos se convertirán a ti. Líbrame de la sangre, oh Dios, Dios de mi salvación, y mi lengua ensalzará tu justicia. Oh Señor, abrirás mis labios, y mi boca proclamará tu alabanza. Porque si hubieras deseado el sacrificio, yo te lo habría dado: con holocaustos, no te deleitarás. Un sacrificio a Dios es un espíritu afligido: un corazón contrito y humillado, oh Dios, no despreciarás. Trata favorablemente, oh Señor, en tu buena voluntad con Sión; para que se edifiquen los muros de Jerusalén. Entonces aceptarás el sacrificio de justicia, las ofrendas y los holocaustos enteros, y pondrán becerros sobre tu altar" (Salmo 50:3-21).

Oración de San Agustín

(De La Raccolta)

"Señor Jesús, que yo me conozca a mí mismo y te conozca a Ti. Y no deseas nada más que solo a Ti. Que me odie a mí mismo y te ame. Que pueda hacer todo por amor a Ti. Que me humille y te exalte. Que no piense en nada excepto en Ti. Que pueda morir a mí mismo y vivir en Ti. Que pueda recibir lo que suceda como de Ti. Que pueda desterrarme a mí mismo y seguirte. Y siempre deseo seguirte. Que pueda volar de mí mismo y volar hacia Ti, para que pueda merecer ser defendido por Ti. Que pueda temer por mí mismo y temerte a Ti y estar entre aquellos que son elegidos por Ti. Que desconfíe de mí mismo y confíe en Ti. Que esté dispuesto a obedecer a causa de Ti. Que no me aferre a nada más que a Ti. Que yo sea pobre por amor a Ti. Mírame para que te ame. Llámame para que pueda verte, y siempre y para siempre disfrutarte. Amén".

SEGUNDA MEDITACIÓN

CÓMO CRISTO VIVE EN NOSOTROS HOY

A menudo oímos a las almas lamentarse de estar tan alejadas de Galilea y tan alejadas de Jesús. El mundo está lleno de hombres y mujeres que piensan en Nuestro Señor única y exclusivamente en términos de lo que sus ojos pueden ver, sus oídos pueden oír y sus manos pueden tocar. Cuántos hay que, partiendo de la verdad de que Él fue un gran Maestro de imponente influencia que caminó por la tierra hace 2.000 años, recogen los detalles del paisaje del lago y la región montañosa de Galilea, y usan mejor su imaginación para describir mejor las circunstancias exactas de su vida terrenal; pero aquí termina el aprecio de su vida. Han aprendido habitualmente a pensar en Él como alguien que pertenece a la historia humana, como César, Washington o Mahoma; piensan en Él como alguien que vivió en la tierra y falleció. Pero dónde está Él, cuál es su naturaleza, si puede actuar sobre nosotros ahora, si puede escucharnos, si puede acercarse a nosotros, son pensamientos que se descartan despectivamente como pertenecientes a la categoría de abstracciones teológicas y dogmas insensatos. Estas mismas almas pueden seguir Su ejemplo en tal o cual caso, aplicar Sus Bienaventuranzas a tal o cual circunstancia de su vida, considerar Su vida como un gran sacrificio e inspiración; pero más allá de eso, Cristo no significa nada para ellos. Él es el hombre más grande que jamás haya existido, pero no es nada más. De hecho, se encuentran entre aquellos de quienes San Pablo dijo que conocen a Cristo solo según la carne.

Hay que admitir que la continua presencia sensible y visible de Nuestro Salvador habría sido una inspiración continua para nuestras vidas, pero no debemos olvidar que Él mismo dijo la noche antes de morir: "Os conviene que yo me vaya" (Jn 16, 7). Palabras extrañas, estas. ¿Por qué habrían de pronunciarse en un momento en que Él había destetado los corazones de Sus Apóstoles de sus redes, barcas y mesas personalizadas, y los había entrelazado tan estrechamente en torno a Su propio Sagrado Corazón? ¿Cómo podría ser conveniente para ellos que Él fuera? Le convenía ir para estar más cerca de nosotros. Esta es la misma razón que dio para irse: "Porque si yo no voy, el Paráclito no vendrá a vosotros; pero si me voy, os lo enviaré... Un poco de tiempo y no me veréis más; y otra vez un poquito, y me veréis porque voy al

Padre... Te volveré a ver, y tu corazón se alegrará; y vuestro gozo no os lo quitará nadie" (Juan 16:7-8, 16, 22).

En estas solemnes palabras pronunciadas en la víspera de Su crucifixión, Él declaró explícitamente que iba a regresar a las profundidades ilimitadas de la Vida de Su Padre de donde vino, pero Su partida no los dejaría huérfanos, porque Él vendría de nuevo de una manera nueva; es decir, por Su Espíritu. Nuestro Señor estaba diciendo aquí de manera equivalente que si Él hubiera permanecido en la tierra en Su vida física, Él habría sido sólo un ejemplo a imitar; pero si Él fuera a Su Padre y enviara Su Espíritu, entonces Él sería una vida para ser vivida. Si hubiera permanecido en la tierra, siempre habría estado fuera de nosotros, fuera de nosotros; una Voz externa, una Vida externa, un Ejemplo eterno: nunca podría ser poseído más que por un abrazo.

Pero una vez que ascendió al cielo y se sentó a la diestra del Padre en la Gloria que es Suya, entonces pudo enviar Su Espíritu a nuestras almas, para que no estuviera con nosotros como una Persona externa, sino como un Alma viviente; entonces Él no sería sólo un mero algo mecánico para ser copiado, sino un algo vital para ser reproducido, no un algo externo para ser retratado en nuestras vidas, sino un algo vivo para ser desarrollado dentro de nosotros. Su ascensión al

Cielo, y el envío de Su Espíritu, son los únicos que hacen posible que Él se una totalmente con nosotros, que establezca Su morada con nosotros, cuerpo y sangre, alma y divinidad, y que sea en el sentido más estricto del término "Cristo en nosotros". Por lo tanto, era conveniente que Él fuera. De lo contrario, habría pertenecido a la historia y a un país. Ahora bien, Él pertenece a los hombres.

Gracias a su Espíritu invisible, que envía a su cuerpo místico, Cristo vive ahora en la tierra tan real y verdaderamente como vivió en Galilea hace veinte siglos. En cierto sentido, Él está más cerca de nosotros ahora que entonces, porque Su mismo cuerpo lo hizo externo a nosotros, pero gracias a Su Espíritu, Él puede vivir ahora en nosotros como la Alma misma de nuestra alma, el Espíritu mismo de nuestro espíritu, la Verdad de nuestra mente, el Amor de nuestro corazón, y el Deseo de nuestra voluntad. Así, la vida de Cristo es transferida por el Espíritu desde la región de los estudios puramente históricos, que investigamos con nuestra razón, al reino de la experiencia espiritual, donde Él habla directamente a nuestra alma. Puede haber sido un gran consuelo para la mujer cananea haber tocado el borde de su manto, para que Magdalena besara sus pies, para que Juan se hubiera recostado en su pecho la noche de la Última Cena, pero todas estas intimidades son externas. Tienen gran fuerza y atractivo porque son sensatas, pero ninguna de ellas puede aproximarse ni siquiera vagamente a la unión, a la intimidad, que proviene de poseer a Cristo interiormente, gracias a su Espíritu Santo. Las mayores alegrías de la vida son las que provienen de la unidad. Nunca llegamos a la altura de la unidad hasta que no hay una fusión de amores, de pensamientos y de deseos, una unidad tan profunda que pensamos con aquel a quien amamos, amamos con aquel a quien amamos, deseamos lo que él desea; y esta unidad se encuentra en su perfección cuando el alma se hace una con el Espíritu de Cristo, que es el Espíritu de Dios. Las alegrías que provienen de las amistades humanas, incluso las más nobles, no son más que sombras y reflejos cariñosos del gozo de un alma poseída por el Espíritu de Cristo. Eleva la felicidad humana, que proviene de la unión con el ser amado, hasta el punto más extremo que el corazón pueda soportar, y aun eso no es más que una chispa comparada con la Gran Llama del Espíritu de Cristo que arde en un alma que lo ama.

¿Qué es precisamente esta vida de Cristo en el alma bautizada? Es la gracia, un don sobrenatural que se nos concede por los méritos de Jesucristo para nuestra salvación.

Todo el orden de la creación nos ofrece una analogía de la cualidad de don de la gracia. Si una piedra, digamos el peñón de Gibraltar, floreciera de repente, sería algo que trascendería su naturaleza. Si un día una rosa llegara a ser consciente, y viera, sintiera y tocara, sería un acto sobrenatural, un acto totalmente indebido a la naturaleza de la rosa como tal. Si un animal entrara en un proceso de razonamiento y dijera palabras de sabiduría, sería un acto sobrenatural, porque no está en la naturaleza de un animal ser racional. Así también, pero de una manera mucho más rigurosa, si el hombre, que por naturaleza es una criatura de Dios, se convierte en un hijo de Dios, un miembro de la familia de la Trinidad y un hermano de Jesucristo es un acto sobrenatural para el hombre, y un don que supera todas las exigencias y poderes de su naturaleza. Incluso más que la floración supera la naturaleza y los poderes del mármol.

La gracia hace del hombre una "nueva criatura", infinitamente superior a su antigua condición, más de lo que sería un animal si hablara con la sabiduría de Sócrates. No hay nada en toda la creación como ese don por el cual Dios llama al hombre hijo, y el hombre llama a Dios "Padre". La diferencia entre la mera vida humana y la vida humana deiforme por gracia no es de desarrollo, sino de generación.

La fuente de la vida en ambos casos es tan diferente como la Paternidad humana y divina. La distancia que separa algunos minerales del reino vegetal puede ser sólo un cabello, pero la distancia que separa la vida humana de la Vida Divina es infinita. "Nadie puede pasar de allí de aquí".

El mundo, a los ojos de Dios, está dividido en dos clases, los hijos de los hombres y los hijos de Dios. Todos están llamados a ser hijos de Dios, pero no todos aceptan el don dignamente, creyendo que si tomaran a Cristo como su porción, no tendrían nada más. Es olvidar que el todo contiene las partes y que en la Vida Perfecta, tenemos las alegrías de la vida finita en un grado infinito. Nacen ambos tipos de hijos, el uno según la carne, el otro según el espíritu. "Lo que es nacido de la carne, carne es; y lo que es nacido del Espíritu, espíritu es" (Juan 3:6). Nacer de la carne nos incorpora a la vida de Adán; nacer del espíritu, de las aguas del Espíritu Santo, nos incorpora a la Vida de Cristo. Los hijos de Dios nacen dos veces; los hijos de los hombres una vez nacidos. Hay más diferencia entre dos almas en esta tierra, una en estado de gracia y la otra que no está en ese estado, que entre dos almas, una en estado de gracia en esta vida y la otra disfrutando de la bienaventuranza eterna del Cielo. La razón es que la gracia es el germen de la gloria, y algún día florecerá en gloria, así como la bellota algún día se convertirá en roble. Pero el alma que no está poseída por la gracia no tiene tales potencias. "Amados", dice San Juan, "ahora somos hijos de Dios, y aún no se ha manifestado lo que seremos. Sabemos que cuando él se manifieste, seremos semejantes a él, porque le veremos tal como él es" (1 Juan 3:2).

Los Diferentes Efectos de la Naturaleza y la Gracia

Tomás de Kempis

Imitación de Cristo, Libro III, Capítulo 54

"Hijo, observa atentamente los movimientos de la naturaleza y de la gracia; porque se mueven en direcciones muy opuestas y muy sutilmente, y apenas pueden distinguirse sino por un hombre espiritual, y uno que está internamente iluminado.

"Todos los hombres, en verdad, aspiran al bien, y pretenden algo de bien en lo que hacen y dicen; por lo tanto, bajo la apariencia del bien, muchos son engañados.

"La naturaleza es astuta y arrastra a muchos; los atrapa y los engaña, y siempre se propone a sí misma su fin:

"Pero la gracia camina con sencillez, se aparta de toda apariencia de mal, no ofrece engaño y todo lo hace puramente para Dios, en quien también descansa como en su fin postrero.

"La naturaleza no está dispuesta a ser mortificada, ni a ser restringida, ni a ser vencida, ni a ser sometida; ni ella de su propia voluntad será sometida;

"Pero la gracia estudia la mortificación de su propio ser, se resiste a la sensualidad, busca ser sujeta, codicia ser vencida, no se propone seguir su propia libertad, ama ser mantenida bajo disciplina y no desea tener el mando sobre nadie; sino que bajo Dios vivirá, estará firme y existirá siempre; y por el amor de Dios está siempre dispuesta a inclinarse humildemente ante todas las criaturas humanas.

"La naturaleza trabaja por su propio interés, y piensa qué ganancia puede obtener de los demás:

"Pero la gracia no considera lo que puede ser ventajoso y provechoso para ella, sino más bien lo que puede ser provechoso para muchos.

"La naturaleza recibe voluntariamente el honor y el respeto:

"Pero la gracia atribuye fielmente todo honor y gloria a Dios.

"La naturaleza tiene miedo de ser avergonzada y despreciada:

"Pero la gracia se alegra de sufrir vituperio por el nombre de Jesús.

"La naturaleza ama la ociosidad y el descanso corporal:

"Pero la gracia no puede ser ociosa y abraza de buena gana el trabajo.

"La naturaleza busca tener cosas que sean curiosas y finas, y no le importan las cosas que son baratas y toscas:

"Pero la gracia se complace en lo que es sencillo y humilde, no rechaza las cosas groseras, ni rehúsa vestirse con ropas viejas.

"La naturaleza tiene en cuenta las cosas temporales, se regocija en las ganancias terrenales, se turba en las pérdidas y se irrita a cada palabra leve e injuriosa;

"Pero la gracia atiende a las cosas eternas y no se adhiere a las que pasan con el tiempo; Tampoco se turba por la pérdida de las cosas, ni se exaspera con palabras duras, porque pone su tesoro y su alegría en el cielo, donde nada se pierde.

"La naturaleza es codiciosa, y está más dispuesta a tomar que a dar, y ama tener cosas para sí misma.

"Pero la gracia es generosa y de corazón abierto, evita el egoísmo, se contenta con poco y juzga más feliz de dar que de recibir.

"La naturaleza se inclina a las criaturas, a su propia carne, a las vanidades y a la ropa:

"Pero la gracia atrae a Dios y a la virtud, renuncia a las criaturas, vuela por el mundo, aborrece los deseos de la carne, refrena el vagabundeo y se avergüenza de aparecer en público.

"La naturaleza recibe de buen grado el consuelo exterior, en el que puede deleitarse sensiblemente:

"Pero la gracia busca ser consolada solo en Dios, y más allá de todas las cosas visibles, para deleitarse en el Soberano Bien.

"La naturaleza lo hace todo para su propio beneficio e interés; Ella no puede hacer nada gratis, sino que espera obtener algo igual o mejor, o alabanza, o favor por sus buenas obras, y codicia que sus acciones y dones sean muy estimados:

"Pero la gracia no busca nada temporal, ni requiere otra recompensa que solo Dios para su recompensa, ni desea nada más de lo necesario para esta vida que pueda ser útil para obtener una eternidad feliz.

"La naturaleza se regocija en una multitud de amigos y parientes; se gloría de la nobleza de su estirpe y descendencia; Ella adula a los que tienen poder, halaga a los ricos y aplaude a los que son como ella.

"Pero la gracia ama incluso a sus enemigos, y no se envanece con tener muchos amigos, ni tiene ningún valor para la familia o el nacimiento, a menos que, unida a una virtud mayor, favorezca más a los pobres que a los ricos; tiene más compasión por los inocentes que por los poderosos; se regocija con el que ama la verdad, y no con el engañoso; exhorta siempre a los buenos a ser celosos de mejores dones, y a llegar a ser semejantes al Hijo de Dios mediante el ejercicio de las virtudes.

"La naturaleza se queja fácilmente de la necesidad y de los problemas:

"Pero la gracia soporta la pobreza con constancia.

"La naturaleza vuelve todas las cosas hacia sí misma, y para sí misma, trabaja y disputa:

"Pero la gracia refiere todas las cosas a Dios, de quien todas proceden originariamente; No se atribuye ningún bien a sí misma, ni presume arrogantemente de sí misma: no contienda, ni prefiere su propia opinión a la de los demás, sino que en todo sentido y entendimiento se somete a la sabiduría eterna y al examen divino.

"La naturaleza codicia conocer secretos y oír noticias; está dispuesto a aparecer en el extranjero, y a tener experiencia de muchas cosas por los sentidos; desea ser notado y hacer cosas que puedan procurar alabanza y admiración;

"Pero a la gracia no le importa oír las noticias y las cosas curiosas, porque todo esto nace de la antigua corrupción, ya que nada es nuevo ni duradero en la tierra.

"Ella enseña, por lo tanto, a refrenar los sentidos, a evitar la vana complacencia y la ostentación, a ocultar humildemente las cosas que son dignas de alabanza y admiración, y de todo, y en todo conocimiento, a buscar el fruto del provecho espiritual, y la alabanza y honra de Dios.

"No desea que se le ensalce a sí misma por lo que le pertenece; sino que desea que Dios sea bendito en sus dones, que lo concede todo por puro amor.

"Esta gracia es una luz sobrenatural, y un cierto don especial de Dios, y la marca apropiada de los elegidos, y la promesa de la salvación eterna, que eleva al hombre de las cosas de la tierra al amor de las cosas celestiales, y, si es carnal, lo hace espiritual.

"Por lo tanto, cuanto más se rebaja y domina la naturaleza, tanto más abundante se infunde la gracia, y el hombre interior, por medio de nuevas visitaciones, se reforma cada día más según la imagen de Dios."

TERCERA MEDITACIÓN

CÓMO SE PIERDE ESA VIDA DIVINA
Y NUESTRO FIN FINAL

El pecado la matanza de la vida de Cristo en nuestra alma. Nuestra conciencia es el tribunal de Pilato. Diariamente y cada hora se nos presentan a Barrabás y a Cristo. Barrabás viene como vicio, asesinato, blasfemia, Cristo viene como virtud, amor y pureza. ¿Cuál de los dos será liberado?

Si morimos en el estado de pecado, seremos juzgados como pecadores. ¿Qué es el juicio? El juicio puede ser considerado tanto desde el punto de vista de Dios como desde nuestro punto de vista.

Desde el punto de vista de Dios, el juicio es un reconocimiento. Dos almas aparecen ante la vista de Dios en esa fracción de segundo después de la muerte. Uno está en estado de gracia; el otro no lo es. El Juez mira dentro del alma en estado de gracia. Ve allí una semejanza con su naturaleza, porque la gracia es una participación de la naturaleza divina. Así como una madre conoce a su hijo por la semejanza de la naturaleza, así también Dios conoce a sus propios hijos por la semejanza de la naturaleza. Si nacen de Él, Él lo sabe. Viendo en esa alma, Su semejanza, el Juez Soberano, Nuestro Señor y Salvador Jesucristo dice en efecto: "Venid, benditos de mi Padre. Te he enseñado a orar: 'Padre Nuestro'. Yo soy el Hijo natural; tú, el hijo adoptivo. Entrad en el Reino que os he preparado desde toda la eternidad".

La otra alma, al no poseer los rasgos familiares y la semejanza de la Trinidad, encuentra una recepción completamente diferente por parte del Juez. Así como una madre sabe que el hijo de su prójimo no es suyo, porque no hay participación en la naturaleza, así también, Jesucristo, al no ver en el alma pecadora ninguna participación de su naturaleza, solo puede decir aquellas palabras que significan no reconocimiento: "No te conozco"; ¡Y es una cosa terrible no ser conocido por Dios!

Tal es el Juicio desde el punto de vista Divino. Desde el punto de vista humano, también es un reconocimiento, pero un reconocimiento de ineptitud o idoneidad. Un visitante muy distinguido es anunciado en la puerta, pero yo estoy con mi ropa de trabajo, mis manos y mi cara están sucias. No estoy en condiciones de presentarme ante un personaje tan augusto, y me niego a verlo hasta que pueda mejorar mi apariencia. Un alma manchada de pecado actúa de la misma manera cuando se presenta ante el tribunal de Dios. Ve, por un lado, Su Majestad, Su Pureza, Su Brillantez, y por el otro su propia bajeza, su pecaminosidad y su indignidad. No suplica ni argumenta, no defiende un caso, ve; y de las profundidades viene su propio juicio: "Oh, Señor, no soy digno". El alma que está manchada de pecados veniales se arroja al purgatorio para lavar sus vestiduras bautismales, pero el alma irremediablemente manchada, el alma muerta a la Vida Divina, se arroja al Infierno con la misma naturalidad con que una piedra, que se suelta de mi mano, cae a tierra.

Pero, ¿existe un infierno? El mundo moderno ya no cree en ello. Es cierto que muchos de nuestros profetas actuales niegan el infierno, y eso nos hace preguntarnos la razón de la negación. La razón es probablemente psicológica. Hay dos orientaciones posibles para un hombre. O debe adaptar su vida a los dogmas, o debe adaptar los dogmas a su vida. "Si no vivimos como pensamos, pronto empezamos a pensar como vivimos". Si nuestra vida no está regulada de acuerdo con el Evangelio, entonces el pensamiento del infierno es un tipo de pensamiento muy incómodo. Para tranquilizar mi conciencia, debo negarlo. Debo adaptar un dogma a mi modo de vida. Y la experiencia lo confirma. Algunos creen en el infierno, lo temen, lo odian y evitan el pecado. Otros aman el pecado, niegan el infierno, pero siempre lo temen.

Pero concediendo que tal sea la razón para su negación, estos mismos profetas preguntarán: ¿Cómo sabes que hay un infierno? Muy claramente, porque Jesucristo dijo que lo había. O hay un Infierno, o la Verdad Infinita es un mentiroso. No puedo aceptar la segunda proposición, así que debo aceptar la primera.

El Cielo y el Infierno no son meras ideas tardías en el verdadero Plan Divino. Dios no creó, por un segundo acto de Su Voluntad y Omnipotencia, el Cielo y el Infierno para recompensar y castigar a aquellos que obedecen o desobedecen Su Ley Divina. No son decretos arbitrarios; meras cosas para remendar un plan original perturbado por el pecado. Ninguna ley puede existir sin sanción. Si no existiera el infierno en el actual orden de salvación, ¿cuál sería la consecuencia? Significaría que cualquier mal que hiciéramos, e independientemente de cuánto tiempo lo hiciéramos, y del odio con el que lo hiciéramos, Dios sería todo el tiempo indiferente a nuestros actos morales, lo cual sería otra forma de decir que la Ley es indiferente a la iniquidad.

Todos nuestros conceptos erróneos acerca del Cielo y el Infierno se basan en nuestra incapacidad para ver cómo están necesariamente ligados a nuestros actos en el orden moral. Hay muchos que consideran el Cielo sólo como una recompensa arbitraria por una buena vida, una especie de muestra de agradecimiento por nuestra victoria, como se concede una copa de plata al ganador de una carrera. Esa no es toda la verdad. El cielo no se relaciona con una buena vida cristiana de la misma manera que una copa de plata se relaciona con la victoria de una carrera, porque la copa de plata puede o no seguir a la victoria; No es algo inseparablemente ligado a él, sino que se le puede dar algo más o tal vez nada en absoluto. Más bien, el Cielo está relacionado con una vida cristiana como el aprendizaje está relacionado con el estudio; Es por eso que los teólogos llaman a la gracia la "semilla de gloria". Si estudio, adquiero conocimiento por ese mismo acto; Los dos son inseparables, siendo uno el fruto del otro. Y en relación con esto es bueno recordar que el Cielo en la constitución actual del mundo de Dios no es simplemente una recompensa, es en cierto sentido, un "derecho", el derecho de los herederos, porque somos herederos del Reino de los Cielos en virtud del don de la Adopción Divina a la filiación de Dios por un Padre Celestial.

El infierno también se explica a menudo demasiado exclusivamente en términos de arbitrariedad. Se hace aparecer como una especie de castigo que no tiene nada que ver con una vida de pecado y el abandono del don de Dios. El infierno no está relacionado con una vida malvada como una nalgada está relacionada con un acto de desobediencia, ya que tal castigo no necesariamente tiene que seguir al acto, sino que el infierno está ligado a una vida malvada precisamente de la misma manera que la ceguera está relacionada con la extracción de un ojo. Si pierdo mi ojo, estoy ciego necesariamente, y si me rebelo contra Dios, rechazo Su perdón y muero en pecado, debo sufrir el infierno como consecuencia. Hay equidad en la ley humana, y hay equidad en la Ley Divina. Un pecado implica, en primer lugar, un alejamiento de Dios, y en segundo lugar, un alejamiento hacia las criaturas. A causa del primer elemento, el pecador sufre el Dolor de la Pérdida o la privación de la Visión Beatífica. Debido al volverse a las criaturas, el pecador sufre el Dolor de los Sentidos, que es un castigo de las cosas creadas por el abuso de las cosas creadas, y esto se conoce comúnmente como "fuego del infierno". La diferencia entre el dolor de la pérdida y el dolor de los sentidos consiste en que el primero es causado por la ausencia de algo, el segundo por la presencia de algo. De los dos dolores, el primero es el más terrible, porque es la frustración final e incesante del anhelo de un ser inmortal; es la falta de la meta de la vida; es el haber fracasado tan rotundamente como para no admitir nunca otro comienzo; es querer a Dios y, sin embargo, odiarse a sí mismo por quererlo; Es un pedir no recibir nunca, un buscar no encontrar nunca, un llamar a una puerta eternamente cerrada; es, sobre todo, un vacío creado por la ausencia de la Vida, la Verdad y el Amor que el alma anhela eternamente. ¡Con cuánta avidez anhelan la vida las almas! ¡Con cuánta tenacidad se aferran incluso a una pajita para salvarse de ahogarse! ¡Cuánto desean prolongar la vida hasta la eternidad! ¿Qué debe ser entonces para perderse, no una larga vida humana, sino la Vida misma de todo lo viviente? Es una especie de muerte en vida, como el despertar en un sepulcro. La verdad también es el deseo de las almas. El conocimiento es una pasión, y el despojo humano de él es el dolor, como se nos hace comprender con tanta fuerza cuando se nos priva del conocimiento de un secreto que otros comparten. ¿Qué debe ser entonces ser privado no de una verdad terrenal, no de algo que podríamos aprender más tarde, tal vez, sino de la Verdad fuera de la cual no hay verdad, ni conocimiento, ni sabiduría en absoluto? Sería peor que la vida terrenal sin sol ni luna, una especie de oscuridad cavernosa en la que uno se mueve sabiendo que podría haber conocido la luz de la verdad pero no lo hizo. Por último, ¡qué aburrida sería una vida terrenal sin el afecto o el amor de los padres, hermanos, hermanas y amigos! ¡Cuán pesado sería nuestro corazón si todos los demás corazones se convirtieran en piedra! Entonces, ¿qué debe ser, ser, ser privado del Amor sin el cual no hay amor? Es que te roben el corazón y aún así poder vivir sin él.

El Cielo y el Infierno son los resultados naturales e inseparables de los actos buenos y malos en el orden sobrenatural. Esta vida es la primavera; El juicio es la cosecha. "Porque lo que el hombre sembrare, ésas también segará. Porque el que siembra en su carne, de la carne también segará corrupción. Pero el que siembra en el espíritu, segará vida eterna".

¿Por qué las almas van al infierno? En último análisis, las almas van al infierno por una gran razón, y es que se niegan a amar. El amor perdona todo, excepto una cosa: el rechazo a amar. Un joven ama a una doncella. Da a conocer su afecto hacia ella, la colma de regalos, le concede más de lo ordinario de las cortesías de la vida, pero su amor es rechazado. Manteniéndolo puro, lo persigue, pero todo en vano; Ella hace oídos sordos a sus cortejos. El amor, durante tanto tiempo negado y desechado, de repente llega a un punto en el que gritará: "Está bien, el amor no puede más, ya terminé; Estamos acabados". Ha llegado al punto del abandono.

Dios es el Amante Divino. Como el Sabueso del Cielo, Él está continuamente en la búsqueda de almas. Allá en la eternidad eterna, Él nos amó con un Amor Eterno. Cuando comienza el tiempo para un alma individual, Él le da las riquezas de la naturaleza, la llama a ser un hijo adoptivo, la alimenta de Su propia sustancia y la hace heredera del Cielo. Pero esa alma puede olvidar pronto tal bondad, y sin embargo Dios no se olvida de amar. Él persigue al alma, envía el descontento profundamente a ella para traerla de vuelta a Él, corta deliberadamente su camino para manifestar Su presencia, envía Sus embajadores a ella, la prodiga con gracias medicinales; y aún así, el Amor Divino es despreciado. Finalmente, rechazado más de setenta veces siete, el Amor Divino abandona la búsqueda de tal alma que se aparta de Él al final de su vida y exclama: "Consumado es. El amor no puede hacer más". Y es una cosa terrible no ser amado, y sobre todo no ser amado por el Amor. Eso es el infierno. El infierno es un lugar donde no hay amor.

Sobre la consideración de la propia muerte

Tomás de Kempis

Imitación de Cristo, Libro 1, Capítulo 23

"Muy rápidamente, tu vida aquí terminará; Considere, entonces, lo que puede estar reservado para usted en otros lugares.

"Un hombre está aquí hoy, y mañana ha desaparecido. Y cuando se le quita de la vista, rápidamente también pierde la mente.

—¡Oh! el embotamiento y la dureza del corazón del hombre, que sólo piensa en lo que está presente y no espera lo que está por venir.

"Por lo tanto, en cada acción y en cada pensamiento, actúa como si fueras a morir hoy mismo. Si tuvieras una buena conciencia, no temerías mucho a la muerte.

"Mejor os sería evitar el pecado que temer a la muerte.

"Si no estás preparado hoy, ¿cómo estarás preparado mañana?

"Mañana es un día incierto; ¿Y cómo sabes que estarás vivo mañana?

"¿De qué sirve vivir mucho tiempo, cuando avanzamos tan poco?

—¡Ah! Una larga vida no siempre nos hace mejores, pero a menudo aumenta nuestra culpa.

¡Ojalá nos hubiéramos portado bien en este mundo, aunque fuera por un día!

"Muchos cuentan los años de su conversión, pero a menudo el fruto de la enmienda es pequeño". Si es espantoso morir, tal vez sea más peligroso vivir más tiempo.

"Bienaventurado el que siempre tiene ante sus ojos la hora de su muerte, y cada día se dispone a morir.

"Si alguna vez has visto morir a un hombre, recuerda que tú también debes pasar por el mismo camino". Por la mañana, imagina que no vivirás hasta la noche; Y cuando llegue la noche, no presumas de prometerte a ti mismo la mañana siguiente.

"Estad siempre preparados y vivid de tal manera que la muerte nunca os encuentre desprovistos.

"Muchos mueren de repente, y cuando apenas lo piensan, porque el Hijo del Hombre vendrá a la hora en que no se le espera" (Mateo 24:44). Cuando llegue esa última hora, entonces comenzarás a tener pensamientos completamente diferentes de toda tu vida pasada; y te entristecerás mucho de haber sido tan negligente y negligente.

"Cuán feliz y prudente es el que se esfuerza por serlo ahora en esta vida, ya que desea ser encontrado en su muerte.

"Porque le dará al hombre una gran confianza de morir felizmente si tiene un perfecto desprecio del mundo, un ferviente deseo de progresar en la virtud, un amor por la disciplina, el espíritu de penitencia, una pronta obediencia, abnegación y paciencia para soportar todas las adversidades por amor a Cristo.

"Se pueden hacer muchas cosas buenas cuando se goza de buena salud; pero cuando estás enfermo, no sé lo que podrás hacer.

"Pocos son mejorados por la enfermedad; También los que viajan mucho al extranjero rara vez se vuelven santos.

"No confíes en tus amigos y parientes, y no dejes para más tarde el cuidado de tu alma; Porque, ¿a quién le importará cuando te hayas ido?

"Es mejor ahora proveer a tiempo y enviar algo bueno por delante de ti que confiar en que otros te ayudarán después de tu muerte.

"Si no te preocupas por tu propio bienestar ahora, ¿a quién le importará cuando te hayas ido?

"El tiempo presente es muy precioso. He aquí, ahora es el tiempo aceptable; he aquí, ahora es el día de la salvación (2 Corintios 6:2).

"Pero es muy de lamentar que no gastéis este tiempo de manera más provechosa, donde podríais comprar la vida eterna de una mejor manera. Llegará el momento en que desearéis un día o una hora para enmendarte, y no sé si lo conseguiréis.

"¡Oh mi muy amado mío, de qué gran peligro puedes librarte! ¡De qué gran temor puedes ser liberado, si ahora estás siempre temeroso y esperando la muerte!

"Esfuérzate ahora por vivir de tal manera, que en la hora de tu muerte más te regocijes que temas.

"Aprended ahora a menospreciar todas las cosas, para que entonces empecéis a vivir con Cristo. Aprended ahora a morir al mundo, para que entonces podáis ir libremente a Cristo.

"Castiga ahora tu cuerpo con penitencia, para que entonces tengas confianza." ¡Ah, tonto! ¿Por qué piensas vivir mucho tiempo, cuando no estás seguro de un día?

"Cuántos, pensando que vivirían mucho tiempo, han sido engañados, e inesperadamente han sido arrebatados.

"¡Cuántas veces habéis oído contar que tal persona fue muerta a espada; otro se ahogó; otro, cayendo de lo alto, le rompió el cuello; Este hombre murió en la mesa; ¿Ese otro llegó a su fin cuando él estaba jugando?

"Algunos han perecido por el fuego; unos por la espada; algunos por pestilencia; y algunos por ladrones.

"Así, la muerte es el fin de todo, y la vida del hombre pasa de repente como una sombra.

"¿Quién se acordará de ti cuando estés muerto, y quién rezará por ti?

"Haced ahora, amados, haced ahora todo lo que podáis, porque no sabéis cuándo moriréis, ni cuál será el destino después de la muerte.

"Reúne para ti las riquezas de la inmortalidad mientras tengas tiempo; No pienses en nada más que en tu salvación. no se preocupan por nada más que por las cosas de Dios.

"Hazte amigos ahora, honrando a los santos de Dios, imitando sus acciones, para que cuando te vayas de esta vida, te reciban en moradas eternas.

"Mantente como un peregrino y un extraño en la tierra, a quien los asuntos de este mundo no pertenecen en lo más mínimo.

"Mantén tu corazón libre y elevado a Dios, porque no tienes aquí un hogar duradero.

"A Él dirigen vuestras oraciones diarias, con suspiros y lágrimas; para que después de la muerte, tu espíritu sea digno de pasar felizmente a nuestro Señor. Amén".

CUARTA MEDITACIÓN
EL DEBER DE ABNEGACIÓN

La negación de un tipo u otro está involucrada, como es evidente, en la noción misma de renovación y santa obediencia. Cambiar nuestros corazones es aprender a amar las cosas que no amamos naturalmente, desaprender el amor de este mundo; Pero esto implica, por supuesto, una frustración de nuestros deseos y gustos naturales. Ser justo y obediente implica dominio propio, pero para poseer poder, debemos haberlo ganado; Tampoco podemos obtenerla sin una lucha vigorosa, una guerra perseverante contra nosotros mismos. La noción misma de ser religioso implica abnegación porque, por naturaleza, no amamos la religión".

"... Es nuestro deber, no sólo negarnos a nosotros mismos en lo que es pecaminoso, sino incluso en cierta medida, en las cosas lícitas, mantener un control sobre nosotros mismos incluso en los placeres y goces inocentes".

"... El ayuno es claramente un deber cristiano, como nuestro Salvador implica en Su Sermón de la Montaña. Ahora bien, ¿qué es ayunar sino abstenerse de lo que es lícito; no sólo de lo que es pecaminoso, sino de lo que es inocente? – De ese pan que lícitamente podríamos tomar y comer con acción de gracias, pero que en ciertos momentos no tomamos, para negarnos a nosotros mismos. Como la abnegación cristiana, que no es simplemente una mortificación de lo que es pecaminoso, sino una abstinencia incluso de las bendiciones de Dios.

"De nuevo, consideren la siguiente declaración de nuestro Salvador: Él primero nos dice: '¡Cuán estrecha es la puerta y cierra el camino que lleva a la vida! Y son pocos los que la encuentran" (Mateo 7:14). Y otra vez: 'Esfuérzate por entrar por la puerta estrecha; porque muchos procurarán entrar, y no podrán" (Lucas 13:24). Luego nos explica en qué consiste esta peculiar dificultad de la vida de un cristiano: "Si alguno viene a mí y no odia a su padre y a su madre, a su mujer, a sus hijos, a sus hermanos y hermanas, y aun a su propia vida, no puede ser mi discípulo" (Lc 14, 26). Ahora bien, sea lo que sea lo que se quiera decir con esto (que no me detendré aquí a indagar), hasta aquí es evidente que nuestro Señor ordena que se abstengan, no sólo del pecado, sino de las comodidades y goces inocentes de esta vida, o de la abnegación en las cosas lícitas.

"De nuevo, Él dice: 'Si alguno quiere venir en pos de mí, niéguese a sí mismo, tome su cruz cada día y sígame' (Lucas 9:23). Aquí nos muestra, con su propio ejemplo, lo que es la abnegación cristiana. Es tomar sobre nosotros una cruz según Su modelo, no un mero abstenerse de pecar, porque Él no tenía pecado, sino una renuncia a lo que podríamos usar legalmente. Este fue el carácter peculiar con el que Cristo vino a la tierra. Fue esta abnegación espontánea y exuberante lo que lo derribó. Él, que era uno con Dios, tomó sobre sí nuestra naturaleza y sufrió la muerte, ¿y por qué? para salvarnos a nosotros, a quienes Él no necesitaba salvar. Por lo tanto, se negó a sí mismo y tomó su cruz. Este es el aspecto mismo en el que Dios, tal como se revela en la Escritura, se distingue de esa exhibición de Su gloria, que la naturaleza nos da: poder, sabiduría, amor, misericordia, longanimidad: estos atributos, aunque se muestran mucho más completa y claramente en la Escritura que en la naturaleza, todavía se ven en su grado en la faz de la creación visible; pero la abnegación, si puede decirse, este atributo incomprensible de la Divina Providencia, sólo se nos revela en la Escritura. "Porque de tal manera amó Dios al mundo, que ha dado a su Hijo unigénito" (Juan 3:16). Aquí está la abnegación. Y el Hijo de Dios os amó de tal manera, que "siendo rico, se hizo pobre por causa de vosotros" (2 Corintios 8:9). Aquí está la abnegación de nuestro Salvador. 'No se agradó a sí mismo'".

"Así es la abnegación cristiana, y nos incumbe por muchas razones. El cristiano se niega a sí mismo en las cosas lícitas porque es consciente de su propia debilidad y de su responsabilidad al pecado; no se atreve a caminar al borde de un precipicio; En lugar de ir al extremo de lo permitido, se mantiene alejado del mal, para estar a salvo. Se abstiene para no ser templado; ayuna para no comer y beber con los borrachos. Como es evidente, muchas cosas son en sí mismas justas e irreprochables que son inconvenientes en el caso de una criatura débil y pecadora; Su caso es como el de un enfermo; Muchas clases de alimentos, buenos para un hombre sano, son dañinos cuando está enfermo: el vino es veneno para un hombre con fiebre feroz. Y de la misma manera, muchos actos, pensamientos y sentimientos, que habrían sido permitidos en Adán antes de su caída, son perjudiciales o peligrosos en el hombre caído. Por ejemplo, la ira no es pecaminosa en sí misma. San Pablo da a entender esto, cuando dice: "Enojaos y no pequéis" (Efesios 4:26). Y se dice que nuestro Salvador en una ocasión se enojó, y no tuvo pecado. Dios Todopoderoso también está enojado con los malvados. La ira, entonces, no es en sí misma un sentimiento pecaminoso; Pero en el hombre, constituido como está, es tan altamente peligroso complacerlo, que la abnegación aquí es un deber por mera prudencia. Es casi imposible que un hombre se enfado sólo en la medida en que debe estarlo; excederá el límite justo; Su ira degenerará en orgullo, hosquedad, malicia, crueldad, venganza y odio. Inflamará su alma enferma y la envenenará. Por lo tanto, debe abstenerse de ello, como si fuera en sí mismo un pecado (aunque no lo es), porque es prácticamente tal para él".

"Si gozamos de buena salud y nos encontramos en circunstancias fáciles, cuidémonos de la altivez, de la autosuficiencia, de la arrogancia, de la delicadeza de la vida, de las indulgencias, de los lujos, de las comodidades. Nada es tan probable que corrompa nuestros corazones y nos seduzca de Dios, como rodearnos de comodidades, tener las cosas a nuestra manera, ser el centro de una especie de mundo, ya sea de cosas animadas o inanimadas, que nos sirven. Porque entonces, a su vez, dependeremos de ellos; se harán necesarios para nosotros; Su mismo servicio y adulación nos llevará a confiar en ellos y a idolatrarlos. ¡Qué ejemplos hay en las Escrituras de hombres suaves y lujosos! ¿Fue Abraham ante la Ley, que vagó por sus días, sin hogar? ¿O Moisés, que dio la ley y murió en el desierto? ¿O David bajo la Ley, que 'no tenía aspecto orgulloso' y era 'como un niño destetado'? ¿O los Profetas, en los últimos días de la Ley, que vagaban en pieles de oveja y de cabra? ¿O el Bautista, cuando el Evangelio lo estaba reemplazando, que estaba vestido con ropas de pelo de camello y comía el pan del desierto? ¿O los Apóstoles que eran "la extirpación de todas las cosas"? ¿O nuestro bendito Salvador, que 'no tenía dónde reclinar la cabeza'? ¿Quiénes son los hombres suaves y lujosos de las Escrituras? Allí estaba el hombre rico, que 'se paseaba suntuosamente todos los días', y luego 'alzó sus ojos en el infierno, estando en tormentos'. Había otro que 'la tierra producía en abundancia', y que decía: 'Alma, tienes muchos bienes guardados para muchos años'; y su alma le fue requerida esa noche. ¡Allí estaba Demas, que abandonó a San Pablo, "habiendo amado este mundo presente"! Y ¡ay! Había un rey muy favorecido, ese rey divinamente inspirado, el rico y sabio Salomón, a quien de nada sirvió haber medido la tierra y contado a sus habitantes, cuando en su vejez 'amó a muchas mujeres extrañas' y adoró a sus dioses.

"No necesitáis tratar de trazar una línea precisa entre lo que es pecaminoso y lo que es sólo permisible: mirad a Cristo y niéguense a sí mismos todo, cualquiera que sea su carácter, al que penséis que Él quiere que renunciéis. No necesitáis calcular y medir si amáis mucho: no necesitáis confundiros con puntos de curiosidad si tenéis un corazón para aventuraros en pos de Él. Es cierto que a veces surgirán dificultades, pero rara vez lo serán. Él te pide que tomes tu cruz; Por lo tanto, acepta las oportunidades diarias que se presentan de ceder a los demás, cuando no necesitas ceder, y de hacer servicios desagradables, que podrías evitar. Ordena a los que quieren ser más altos, vivan como los más bajos: por lo tanto, apártense de los pensamientos ambiciosos, y (en la medida en que puedan religiosamente) tomen la resolución de no asumir su autoridad y gobierno. Te pide que vendas y des limosna; Por lo tanto, deteste gastar dinero en usted mismo. Cierra tus ojos a la alabanza, cuando se hace fuerte; pon tu rostro como pedernal, cuando el mundo se burla, y sonríe a sus amenazas. Aprende a dominar tu corazón, cuando estallaría en vehemencia, o prolongaría una tristeza estéril, o se disolvería en una ternura inoportuna. Refrena tu lengua y aparta tu ojo, para que no caigas en tentación. Evita el aire peligroso que te relaja y prepárate en las alturas. Levántate a orar 'mucho tiempo antes del día', y busca al verdadero, tu único Esposo, 'de noche en tu cama'. Así la abnegación se convertirá en algo natural para ti, y un cambio vendrá sobre ti, suave e imperceptiblemente; y, como Jacob, te acostarás en el desierto, y pronto verás ángeles, y se te abrirá un camino al cielo".

Sobre el juicio y el castigo de los pecadores

Tomás de Kempis

Imitación de Cristo, Libro 1, Capítulo 24

"Mirad en todo al fin, y cómo podréis estar delante de un juez severo, a quien nada se le oculta, que no acepta sobornos, ni recibe excusas, sino que juzgará lo que es justo.

"Oh miserable y necio pecador, ¿qué responderás a Dios, que conoce todos tus pecados? ¿Tú que a veces tienes miedo de las miradas de un hombre enojado?

"¿Por qué no te provees para el día del juicio, cuando nadie puede ser excusado ni defendido por otro, sino que cada uno tiene bastante que hacer para responder por sí mismo?

"Por el presente, tu trabajo es provechoso, tus lágrimas son aceptables, tus suspiros serán escuchados, y tu tristeza es satisfactoria y puede purgar tus pecados.

"Un hombre paciente tiene un purgatorio grande y saludable, quien, al recibir injurias, se preocupa más por el pecado de otra persona que por su propio mal; que ora de buena gana por sus adversarios, y perdona de corazón las ofensas; que no se demora en pedir perdón a los demás; que es más fácil moverse a la compasión que a la ira; que frecuentemente usa la violencia contra sí mismo, y se esfuerza por someter la carne completamente al espíritu.

"Es mejor ahora purgar nuestros pecados y arrancar de raíz los vicios que reservarlos para ser purgados en el más allá.

"En verdad, nos engañamos a nosotros mismos por el amor desordenado que tenemos a nuestra carne.

"¿De qué otras cosas se alimentará ese fuego sino de vuestros pecados?

"Cuanto más te ahorres a ti mismo ahora, y sigas la carne, más dolorosamente sufrirás en lo sucesivo, y más combustible acumularás para ese fuego.

"¿En qué cosas pecó más el hombre, en ellas será castigado con más dureza?

"Allí, los perezosos serán aguijoneados con aguijones ardientes, y el glotón será atormentado con hambre y sed extremas.

"Allí los lujosos y los amantes de los placeres serán cubiertos por completo de brea ardiente y azufre apestoso; y los envidiosos, como perros rabiosos, aullarán de dolor.

"No hay vicio que no tenga allí su propio tormento.

"Allí, los soberbios se llenarán de toda confusión, y los avaros se enderezarán con la más miserable necesidad.

"Allí, una hora de sufrimiento será más aguda que cien años pasados aquí en la penitencia más rígida.

"No hay descanso, no hay consuelo para los condenados; Pero aquí a veces hay un intermedio de trabajo, y recibimos consuelo de nuestros amigos.

"Cuidaos ahora y entristecidos por vuestros pecados, para que en el día del juicio estéis seguros con los bienaventurados.

"Porque entonces los justos se levantarán con gran perseverancia contra los que los afligieron y los oprimieron (Sab. 5:1).

"Entonces será el juez el que ahora se somete humildemente al juicio de los hombres.

"Entonces, los pobres y los humildes tendrán mucha confianza, y los soberbios temerán por todas partes".

"Aprended ahora a sufrir cosas pequeñas, para que entonces seáis librados de sufrimientos más dolorosos.

"Intenta primero aquí lo que no puedes sufrir en el más allá.

"Si ahora puedes soportar tan poco, ¿cómo podrás soportar los tormentos eternos?

"Si un poco de sufrimiento ahora te impacienta tanto, ¿qué hará el fuego del infierno en el futuro?

"Ciertamente, no puedes tener tu placer en este mundo y después reinar con Cristo.

Sobre estar decididos a
enmendar toda nuestra vida

Tomás de Kempis

Imitación de Cristo, Libro 1, Capítulo 25

"Si hasta el día de hoy hubieras vivido siempre en honores y placeres, ¿de qué te serviría si ahora estuvieras a punto de morir?

"Todo, pues, es vanidad, sino amar a Dios y servirle solo a él.

"Porque el que ama a Dios de todo corazón, ni teme a la muerte, ni al castigo, ni al juicio, ni al infierno; porque el amor perfecto da acceso seguro a Dios.

"Pero el que todavía se deleita en el pecado, no es maravilla que tenga miedo de la muerte y del juicio." Es bueno, sin embargo, que si el amor todavía no te reclama del mal, al menos el miedo al infierno te detenga.

"Pero el que deja a un lado el temor de Dios no podrá permanecer mucho tiempo en el bien, sino que pronto caerá en las trampas del diablo".

"Confía en el Señor, y haz el bien, dice el profeta, y habita la tierra, y serás alimentado con sus riquezas " (Salmo 36:3).

"Hay una cosa que impide a muchos el progreso espiritual y la enmienda ferviente de la vida, y es la aprehensión de la dificultad o el trabajo por el que hay que pasar en el conflicto.

"Y, en verdad, son los que más avanzan en la virtud, los que se esfuerzan virilmente por vencer aquellas cosas que encuentran más molestas o contrarias a ellos.

"Porque allí el hombre progresa más y merece una gracia más grande, donde se supera más a sí mismo y se mortifica en espíritu.

"Pero no todos los hombres tienen que vencer y mortificar de la misma manera.

"Sin embargo, el que es diligente y celoso, aunque tenga más pasiones contra las que luchar, podrá hacer un mayor progreso que otro que tenga menos pasiones, pero sea menos ferviente en la búsqueda de la virtud.

"Dos cosas conducen particularmente a una gran enmienda: éstas son: retirarse por la fuerza de aquello a lo que la naturaleza se inclina viciosamente, y trabajar fervientemente por el bien que uno más desea".

QUINTA MEDITACIÓN

DANDO GLORIA A DIOS EN EL MUNDO

San Juan Henry Newman

Sermones Parroquiales y Sencillos, Vol. 8, Sermón 11

"Cuando las personas están convencidas de que la vida es corta, de que no es igual a ningún gran propósito, de que no se manifiesta adecuadamente, ni lleva a la perfección al verdadero cristiano, cuando sienten que la próxima vida es todo en todo y que la eternidad es el único tema que realmente puede reclamar o puede llenar sus pensamientos, Entonces tienden a infravalorar esta vida por completo y a olvidar su verdadera importancia. Son propensos a desear pasar el tiempo de su estancia aquí en una separación positiva de los deberes activos y sociales; sin embargo, debe recordarse que las ocupaciones de este mundo, aunque no sean celestiales, son, después de todo, el camino al cielo, aunque no el fruto, son la semilla de la inmortalidad, y son valiosas. aunque no en sí mismos, sin embargo, por aquello a lo que conducen: pero es difícil darse cuenta de esto. Es difícil darse cuenta de ambas verdades a la vez, y conectar ambas verdades entre sí; contemplar con firmeza la vida venidera, pero aún actuar en ella. Es probable que los que meditan descuiden los deberes activos que, de hecho, les incumben, y se detengan en el pensamiento de la gloria de Dios, hasta que se olviden de actuar para su gloria. Este estado de ánimo se reprende en las palabras de los Santos Ángeles a los Apóstoles, cuando dicen: "Varones galileos, ¿por qué estáis mirando al cielo?" (Hechos 1:11.)

"De diversas maneras el pensamiento del otro mundo induce a los hombres a descuidar su deber en este; Y cuando lo hace, podemos estar seguros de que hay algo erróneo y no cristiano, no en su forma de pensar del otro mundo, sino en su manera de pensar en él. Porque aunque la contemplación de la gloria de Dios pueda en ciertos tiempos y personas interferir con los empleos activos de la vida, como en el caso de los Apóstoles cuando ascendió nuestro Salvador, y aunque tal contemplación se nos permita o se nos ordene libremente en ciertos momentos de cada día, sin embargo, eso no es una meditación real y verdadera sobre Cristo, sino alguna falsificación, que nos hace soñar nuestro tiempo, o volvernos habitualmente indolentes, o que nos retira de nuestros deberes existentes, o nos inquieta".

"Estoy hablando del caso en que es el deber de una persona permanecer en su vocación mundana, y cuando permanece en ella, pero cuando abriga insatisfacción con ella; mientras que lo que debería sentir es esto: que mientras esté en ella debe glorificar a Dios, no por ella, sino en ella, y por medio de ella, según la dirección del Apóstol, 'no perezosos en celo; sed fervientes en espíritu, sirviendo al Señor" (Romanos 12:11). Al Señor Jesucristo, nuestro Salvador, se le sirve mejor, y con el espíritu más ferviente, cuando los hombres no son perezosos en los negocios, sino que cumplen con su deber en ese estado de vida en el que a Dios le ha placido llamarlos".

"... Por malo que sea ser lánguido e indiferente en nuestros deberes seculares y en dar cuenta de esta religión, sin embargo, es mucho peor ser esclavos de este mundo y tener nuestros corazones en las preocupaciones de este mundo... Me refiero a ese espíritu ambicioso, para usar una gran palabra, pero no conozco otra palabra para expresar lo que quiero decir, esa baja ambición que pone a todos en la mira para triunfar y ascender en la vida, para acumular dinero, para ganar poder, para deprimir a sus rivales, para triunfar sobre sus superiores hasta ahora, para afectar una consecuencia y una gentileza que antes no tenía. aparentar tener una opinión sobre temas elevados, pretender formarse un juicio sobre las cosas sagradas, elegir su religión, aprobar y condenar según su gusto, convertirse en un partidario en grandes medidas para el supuesto beneficio temporal de la comunidad, permitirse la visión de las grandes cosas que están por venir, Grandes mejoras, grandes maravillas: todas las cosas vastas, todas las cosas nuevas, este espíritu tan terriblemente terrenal y rastrero es probable, ¡ay! para extenderse cada vez más entre nuestros compatriotas, una búsqueda intensa, insomne, inquieta, nunca cansada, nunca satisfecha de Mammon de una forma u otra, con exclusión de todos los pensamientos profundos, todos los santos, todos los tranquilos, todos los reverentes. Este es el espíritu con el que, más o menos (según sus diferentes temperamentos), los hombres se ocupan comúnmente de las preocupaciones de este mundo; y lo repito, mejor, mucho mejor, si se retirara del mundo por completo que dedicarse a él de esta manera, y sería mejor con Elías volar al desierto, que servir a Baal y a Astarté en Jerusalén".

"Pero ciertamente es posible 'servir al Señor', pero no ser perezoso en los negocios; no dedicarse demasiado a ello, pero no retirarse de él. Podemos hacer todas las cosas, sea lo que nos propongamos, para la gloria de Dios; podemos hacer todas las cosas de corazón, como para el Señor, y no para el hombre, siendo a la vez activos y meditativos; y ahora permítanme dar algunos ejemplos para mostrar lo que quiero decir.

"'Haced todo para la gloria de Dios', dice San Pablo, en el texto; más aún, ya sea que comáis o bebáis' (1 Corintios 10:31); de modo que parece que nada es demasiado ligero o trivial para gloriarse en Él. Supondremos entonces tomar el caso mencionado hace un momento; Supongamos a un hombre que últimamente ha tenido pensamientos más serios que los que tenía antes y decide vivir más religiosamente. Como consecuencia del giro que ha tomado su mente, siente aversión por su ocupación mundana, ya sea en el comercio o en cualquier empleo mecánico que permita poco ejercicio de la mente. Ahora siente que preferiría estar en algún otro negocio, aunque en sí mismo su ocupación actual es bastante lícita y agradable a Dios. El hombre mal instruido se impacientará de inmediato y lo abandonará; o si no lo deja, al menos será negligente e indolente en ello. Pero el verdadero penitente se dirá a sí mismo: 'No; Si es un empleo molesto, tanto más me conviene. No merezco algo mejor. No merezco que me alimenten ni siquiera con cáscaras. Estoy obligado a afligir mi alma por los pecados pasados. Si yo tuviera que ir vestido de cilicio y ceniza, si tuviera que vivir de pan y agua, si tuviera que lavar los pies de los pobres día tras día, no sería una humillación demasiado grande; y la única razón por la que no lo hago, es que no tengo vocación de esa manera, parecería ostentoso. De buena gana, pues, saludaré un inconveniente que me pondrá a prueba sin que nadie lo sepa. Lejos de quejarme, yo, por la gracia de Dios, iré alegremente con lo que no me gusta. Me negaré a mí mismo. Sé que, con su ayuda, lo que es en sí mismo doloroso será así agradable como se hace con él. Sé bien que no hay dolor que no pueda ser soportado cómodamente, por el pensamiento de Él, y por su gracia, y la fuerte determinación de la voluntad; No, nadie puede sino calmarme y consolarme. Incluso el sabor y el olfato naturales pueden gustar de lo que naturalmente no les gusta; Incluso la medicina amarga, que es nauseabunda al paladar, puede llegar a ser tolerable con determinación. Es más, incluso los sufrimientos y las torturas, como los que han soportado los mártires, han sido hasta ahora gozosos y abrazados de corazón por amor a Cristo. Entonces, yo, un pecador, tomaré este ligero inconveniente de una manera generosa, complacido por la oportunidad de disciplinarme a mí mismo, y con auto humillación, como si necesitara una severa penitencia. Si hay partes de mi ocupación que me desagradan especialmente, si requiere una buena cantidad de movimientos, y deseo estar en casa, o si es sedentario, y deseo estar en movimiento, o si requiere levantarse temprano, y me gusta levantarme tarde, o si me hace solitario, y me gusta estar con amigos, toda esta parte desagradable, en la medida en que es compatible con mi salud, y para que no sea probable que me sirva una trampa, elegiré por preferencia. Una vez más, veo que mis puntos de vista religiosos son un obstáculo para mí. Veo que hay gente que sospecha de mí. Veo que ofendo a la gente con mi escrupulosidad. Veo que para seguir adelante en la vida se requiere mucha más devoción a mis asuntos mundanos de la que puedo dar de manera consistente con mi deber para con Dios, o sin que se convierta en una tentación para mí. Sé que no debo, y (si Dios quiere) no lo haré, sacrificar mi religión a ella. Mis estaciones y horas religiosas serán mías. No toleraré ninguno de los tratos y prácticas mundanas, las formas excesivas, las acciones sórdidas en las que otros se entregan. Y si de este modo soy echado atrás en la vida, si gano menos ganancias o pierdo amigos, y así llego a ser despreciado, y veo que otros se levantan en el mundo mientras yo permanezco donde estaba, por difícil que sea de soportar, es una humillación que me corresponde en retribución por mis pecados, y en obediencia a Dios; Y es muy leve, simplemente ser privado de los éxitos mundanos, o más bien es una ganancia. Y esta puede ser la manera en que Dios Todopoderoso abrirá la puerta para que yo, si es Su bendita voluntad, deje mi ocupación actual. Pero dejarlo sin un llamado de Dios, ciertamente no debo. Por el contrario, trabajaré en ella, tanto más diligentemente como me lo permitan los deberes superiores". "

"El agradecimiento al Dios Todopoderoso, más aún, y la vida interior del Espíritu mismo serán principios adicionales que harán que el cristiano trabaje diligentemente en su llamamiento. Él verá a Dios en todas las cosas. Se acordará de la vida de nuestro Salvador. Cristo fue educado en un oficio humilde. Cuando trabaje en lo suyo, pensará en su Señor y Maestro en el suyo. Recordará que Cristo bajó a Nazaret y estuvo sujeto a sus padres, que caminó largos viajes, que soportó el calor del sol y la tormenta, y no tenía dónde reclinar la cabeza. Además, sabe que los Apóstoles tuvieron varias ocupaciones de este mundo antes de su llamado; San Andrés y San Pedro pescadores, San Mateo un recaudador de impuestos, y San Pablo, incluso después de su vocación, todavía un fabricante de tiendas. Por lo tanto, en todo lo que le sobrevenga, se esforzará por discernir y contemplar el rostro de su Salvador. Sentirá que la verdadera contemplación de ese Salvador reside en sus asuntos terrenales; que así como Cristo se ve en los pobres, y en los perseguidos, y en los niños, así se le ve en las ocupaciones que pone a sus elegidos, cualesquiera que sean; que al atender a su propia vocación se encontrará con Cristo; que si lo descuida, no por eso gozará más de su presencia, sino que, mientras lo hace, verá a Cristo revelado a su alma en medio de las acciones ordinarias del día, como por una especie de sacramento. Por lo tanto, tomará sus negocios terrenales como un regalo de Él y los amará como tales".

"Aún más, usará sus asuntos mundanos como un medio para guardarse de pensamientos vanos e inútiles. Una de las causas de que el corazón tramite el mal es que se le da tiempo para hacerlo. El hombre que tiene sus deberes diarios, que dedica su tiempo a ellos hora tras hora, se salva de una multitud de pecados que no tienen tiempo de apoderarse de él. La cavilación por los insultos recibidos, o el anhelo de algún bien no concedido, o el lamento por las pérdidas que nos han sucedido, o por la pérdida de amigos por la muerte, o los ataques de pensamientos impuros y vergonzosos, estos se mantienen alejados de aquel que se cuida de ser diligente y bien empleado. El ocio es la ocasión de todos los males. La ociosidad es el primer paso en el camino descendente que conduce al infierno. Si no hallamos empleo en el cual ocupar nuestras mentes, Satanás seguramente encontrará su propio empleo para ellos. Aquí vemos las diferencias de motivo con las que un hombre religioso y uno de mentalidad mundana pueden hacer la misma cosa. Supongamos que una persona ha tenido alguna triste aflicción, digamos un duelo: los hombres de este mundo, no teniendo ningún placer en la religión, no gustando de detenerse en una pérdida irreparable para ellos, con el fin de ahogar la reflexión, se dedican a actividades mundanas para desviar sus pensamientos y desterrar la tristeza. El cristiano, en las mismas circunstancias, hace lo mismo, pero es por temor a que se relaje y debilite su mente con una tristeza estéril; por temor a quedar descontento; de la creencia de que está agradando más a Dios, y que es probable que asegure su paz más plenamente, al no perder el tiempo; de un sentimiento de que, lejos de olvidar a aquellos a quienes ha perdido por obrar así, sólo disfrutará de pensar en ellos más real y más religiosamente.

"Por último, vemos qué juicio dar en una cuestión a veces agitada, si uno debe retirarse de nuestros asuntos mundanos al final de la vida, para dedicar nuestros pensamientos más enteramente a Dios. Desear hacerlo es tan natural que supongo que no hay nadie que no lo desee. A muchas personas no se les concede el privilegio, a muchas se les concede debido a enfermedades crecientes o a una vejez extrema; pero creo que todo el mundo, si se le permitiera elegir, pensaría que es un privilegio que se le permitiera, aunque a muchos les resultaría difícil determinar cuándo es el momento adecuado. Pero consideremos cuál es la razón de este deseo tan natural. Me temo que a menudo no se trata de un deseo religioso, a menudo sólo parcialmente religioso. Me temo que un gran número de personas que se desafían al retirarse de los negocios del mundo, lo hacen bajo la idea de que luego se divierten un poco a la manera del hombre rico en el Evangelio, que dijo: 'Alma, tienes muchas cosas buenas guardadas para muchos años' (Lucas 12:19). Si este es el objetivo predominante de alguien, por supuesto, no necesito decir que es un pecado fatal, porque Cristo mismo lo ha dicho. Hay otros que son movidos por un sentimiento encontrado; Son conscientes de que no dedican a la religión tanto tiempo como deberían; no viven por reglas; Es más, no están satisfechos con la corrección o rectitud de algunas de las prácticas o costumbres que su forma de vida requiere de ellos, y se cansan de los negocios activos a medida que la vida avanza, y desean estar a gusto. De modo que consideran sus últimos años como un tiempo de retiro, en el que pueden disfrutar y prepararse para el cielo. Y así, satisfacen tanto su conciencia como su amor por el mundo. En la actualidad, la religión les molesta; Pero entonces, como esperan, el deber y el placer irán de la mano. Ahora bien, dejando a un lado todos los demás errores que tal estado de ánimo evidencia, obsérvese que si en este momento no están sirviendo a Dios con todo su corazón, sino que esperan el momento en que lo harán, entonces es evidente que cuando al final dejen a un lado las preocupaciones mundanas y se vuelvan a Dios, si alguna vez lo hacen, ese tiempo debe ser necesariamente un tiempo de profunda humillación, si ha de ser aceptable para Él, no un retiro cómodo. ¿Quién ha oído hablar de un arrepentimiento placentero, fácil y gozoso? Es una contradicción en los términos. Estos hombres, si reflexionan un momento, deben confesar que su actual modo de vida, suponiendo que no sea tan estricto como debería ser, está acumulando lágrimas y gemidos por sus últimos años, no por el disfrute. Cuanto más tiempo vivan como lo hacen en la actualidad, no sólo más improbable es que se arrepientan en absoluto; Pero incluso si lo hacen, cuanto más amargo, más doloroso debe ser su arrepentimiento. La única manera de escapar del sufrimiento por el pecado en el más allá es sufrir por él aquí. Tristeza aquí o miseria en el más allá; no pueden escapar de uno u otro.

"Por ninguna razón mundana, entonces, ni por motivos presuntuosos o incrédulos, desea el cristiano el ocio y el retiro para sus últimos años. Es más, se contentará con estas bendiciones, y el cristiano más elevado de todos es aquel cuyo corazón está tan quieto en Dios, que no lo desea ni lo necesita; cuyo corazón está tan puesto en las cosas de arriba, que las de abajo le excitan, agitan, inquietan, afligen y seducen tan poco, como detienen el curso de la naturaleza, como detienen el sol y la luna, o cambian el verano y el invierno. Tales fueron los Apóstoles, quienes, como los cuerpos celestes, salieron a "todas las naciones" llenos de negocios, pero también llenos de dulce armonía, hasta los confines de la tierra. Su llamamiento era celestial, pero su obra era terrenal; Estuvieron en trabajo y aflicción hasta el final; sin embargo, considere con cuánta calma escriben San Pablo y San Pedro en sus últimos días. A San Juan, por otra parte, se le permitió en gran medida retirarse de las preocupaciones de su cargo pastoral, y tal será, digo, el deseo natural de todo hombre religioso, ya sea su ministerio espiritual o secular; pero, no para comenzar a fijar su mente en Dios, sino simplemente porque, aunque pueda contemplar a Dios tan verdaderamente y ser tan santo de corazón en los negocios activos como en los tranquilos, sin embargo, es más conveniente y conveniente enfrentar el golpe de la muerte (si se nos permite) en silencio, colectivamente, solemnemente, que en una multitud y un tumulto. Y de ahí que, entre otras razones, oremos en las Letanías para ser librados "de la muerte súbita".

"En general, pues, lo que he dicho viene a esto: que mientras Adán fue condenado a trabajos como castigo, Cristo lo ha santificado con su venida como medio de gracia y sacrificio de acción de gracias, un sacrificio alegremente para ser ofrecido al Padre en su nombre."

"Que Dios nos conceda gracia en nuestras diversas esferas y estaciones para hacer su voluntad y adornar su doctrina; para que ya sea que comamos y bebamos, o ayunemos y oremos, trabajemos con nuestras manos o con nuestra mente, viajemos o permanezcamos en reposo, glorifiquemos a Aquel que nos ha comprado con su propia sangre".

Oración por las Tormentas de la Vida

(De La Raccolta)

"Tú ves, oh Señor, cómo por todas partes los vientos se desatan sobre nosotros, y el mar se agita con la violenta conmoción de las olas. Te suplicamos a Ti, que eres el único capaz, dominas los vientos y las olas. Restaura a la humanidad esa verdadera paz que el mundo no puede dar, la paz que viene del buen orden. Que los hombres, impulsados por tu gracia, vuelvan a un curso de vida recto y ordenado, practicando de nuevo, como deben, el amor a Dios, la justicia y la caridad en el trato con el prójimo, la templanza y el dominio propio en sus propias vidas. Que venga tu reino, y que aquellos que ahora buscan vana y laboriosamente la verdad y la salvación, lejos de Ti, comprendan que deben vivir como tus siervos en sujeción a Ti. Tus leyes muestran tu justicia y tu dulzura paternal, y para permitirnos guardarlas, provees gratuitamente con tu gracia los medios prontos. La vida del hombre en la tierra es una guerra, pero 'Tú mismo contemplas la contienda, ayudas al hombre a vencer, lo levantas cuando cae y lo coronas cuando sale victorioso'. "

Una oración para que se haga la voluntad de Dios

Tomás de Kempis

Imitación de Cristo, Libro 3, Capítulo 15

"Concédeme tu gracia, Jesús misericordiosísimo, para que esté conmigo y permanezca conmigo hasta el fin.

"Concédeme siempre querer y desear lo que es más aceptable para ti, y lo que más te agrada.

"Que tu voluntad sea la mía, y que mi voluntad siga siempre a la tuya, y concuerde perfectamente con ella.

"Que yo quiera o no quiera siempre lo mismo contigo, y que yo no pueda querer o no querer de otra manera que como tú quieras o no quieras.

"Concédeme morir a todas las cosas que hay en el mundo; y por amor a ti, ama ser despreciado, y no ser conocido en este mundo.

"Concédeme descansar en ti más que todas las cosas deseadas, y que mi corazón esté en paz en ti.

"Tú eres la verdadera paz del corazón; Tú eres su único descanso: fuera de ti, todas las cosas son duras e inquietas.

"En esta paz, en el mismo que hay en ti, el único soberano, Dios eterno, dormiré y descansaré" (Salmo 4:9).

No debemos confiar en los hombres, sino solo en Dios

"Alabado sea el Señor, alma mía, en mi vida alabaré al Señor, cantaré a mi Dios mientras esté.

"No pongáis vuestra confianza en los príncipes, en los hijos de los hombres, en quienes no hay salvación.

"Su espíritu saldrá, y volverá a su tierra: en aquel día perecerán todos sus pensamientos.

"Bienaventurado el que tiene por ayudador al Dios de Jacob, cuya esperanza está en el Señor su Dios, el cual hizo el cielo y la tierra, el mar y todas las cosas que en ellos hay.

"El que guarda la verdad para siempre, el que hace justicia a los que sufren injusticias, el que da de comer al hambriento.

"El Señor suelta a los encadenados, el Señor ilumina a los ciegos.

"El Señor levanta a los abatidos, el Señor ama a los justos.

"El Señor guarda a los extranjeros, sostendrá al huérfano y a la viuda, y destruirá los caminos de los pecadores.

"El Señor reinará para siempre, tu Dios, oh Sión, de generación en generación" (Salmo 145).

SEXTA MEDITACIÓN

LA EUCARISTÍA, LA NECESIDAD DE NUESTRO CORAZÓN

De San Pedro Julián Eymard,

(La Presencia Real)

¿Quién está Jesucristo en la Eucaristía? "Podríamos dar varias respuestas a esta pregunta. Pero lo que los comprende a todos es esto: Él está allí porque nos ama, y porque desea que nosotros lo amemos. El amor es la razón de la institución de la Eucaristía.

"Sin la Eucaristía, el amor de Jesucristo sería para nosotros un amor muerto, un amor pasado, que olvidaríamos pronto, y que sería casi perdonable al olvidar. El amor tiene sus leyes, sus exigencias. Sólo la Eucaristía les satisface plenamente. Por ella, Jesucristo tiene todo el derecho de ser amado, porque da testimonio de su amor infinito por nosotros.

"Ahora bien, el amor natural, tal como Dios ha puesto en nuestros corazones, exige tres cosas: la presencia del ser amado, o la vida social; comunidad de bienes; y unión perfecta.

"La ausencia es el dolor de la amistad, su tormento. La distancia se debilita y, si se prolonga demasiado, termina por dar muerte a la amistad más firme.

"Si nuestro Señor está lejos de nosotros, alejado de nosotros, nuestro amor por Él sufrirá el efecto disolvente de la ausencia. Está en la naturaleza del amor del hombre requerir, para vivir, la presencia del objeto amado.

"He aquí a los pobres Apóstoles mientras Nuestro Señor estaba en el sepulcro. Los discípulos de Emaús confesaron que habían estado a punto de perder la fe porque ya no tenían a su buen Maestro.

—¡Ah! Si nuestro Señor no nos hubiera dejado otra prenda de su amor que Belén y el Calvario, ¡pobre Salvador! ¡Cuán rápidamente nos habríamos olvidado de Él! ¡Qué indiferencia! "El amor desea ver, oír, conversar, tocar.

"Nada ocupa el lugar de la persona amada, ni los recuerdos, ni los regalos, ni los retratos. Todo lo que es sin vida.

"Nuestro Señor lo sabía bien. Nada podría haber tomado el lugar de Su Persona. Necesitamos a Nuestro Señor mismo.

—¿Pero su palabra? No, ya no suena. Ya no oímos los acentos conmovedores que salían de los labios del Salvador.

"¿Su Evangelio? Es un testamento.

"Pero sus sacramentos, ¿no dan vida? ¡Ah! ¡Se necesita al Autor de la Vida para sostenerla en nosotros!

"¿La Cruz? No; aparte de Jesús, ¡solo entristece!

—¿Pero la esperanza? ¡Sin Jesús, es agonía!

"... ¿Podría Jesús haber querido reducirnos a un estado tan triste de vivir y luchar sin Él?

"¡Oh, seríamos demasiado infelices sin Jesús presente con nosotros! Exiliados, solos en la tierra, obligados a privarnos de los bienes terrenos, de los consuelos de la vida, mientras el mundano tiene todo lo que desea, ¡la vida sería insoportable!

"¡Pero con la Eucaristía! Con Jesús en medio de nosotros... de día y de noche, accesible a todos, esperando a todos en su casa siempre abierta, admitiendo a los humildes, llamándolos con marcada predilección, ¡ah! La vida es menos amarga. Él es el buen Padre en medio de Sus hijos. Es la vida social con Jesús.

"¡Y qué sociedad! ¡Sociedad que nos hace mejores, que nos eleva! ¡Y qué facilidades para las relaciones sociales con el cielo, con Jesucristo mismo, en persona!

Es, en efecto, la dulce compañía de una amistad sencilla, amorosa, familiar e íntima.

—¡Ah! ¡Era necesario!

"El amor desea la comunidad de bienes, la posesión común. Desea compartir la felicidad y la infelicidad. Dar es su naturaleza, su instinto, dar todo con alegría, con placer. "Y así, Jesucristo en el Santísimo Sacramento da con profusión, con prodigalidad, sus méritos, sus gracias, sí, ¡incluso su gloria! ¡Oh, cuán ansioso está Él por dar! Él nunca se niega.

"Y Él se da a todos, y siempre.

"Él cubre el mundo con hostias consagradas. Él desea que todos Sus hijos lo posean. Todavía quedan doce cestas de los cinco panes multiplicados en el desierto. ¡Todos deben tener algo!

"Jesucristo querría envolver al mundo en su velo sacramental, fecundar a todas las naciones en las aguas de la vida que se pierden en el océano de la eternidad, pero solo después de haber saciado la sed y fortalecido a los últimos de los elegidos.

—¡Ah! ¡Es bueno para nosotros, para todos nosotros, oh Jesús Eucarístico!

"El amor tiende a la unión, a la unión de los que aman, a la fusión de dos en uno, de dos corazones en un solo corazón, de dos espíritus en uno, de dos almas en una.

"... Jesús se sometió a esta ley de amor, que Él mismo había establecido. Después de haber compartido nuestro estado, nuestra vida, Él se da a sí mismo en la Comunión; Él nos absorbe en Él mismo.

"¡Divina unión de las almas, siempre más perfecta, siempre más íntima en proporción a la vivacidad de nuestros deseos! In me manet, et ego in eo. – Él en mí, y yo en Él. Permanecemos en Él; Él habita en nosotros. ¡Hacemos sólo uno con Él hasta que el cielo consuma en unión eterna y gloriosa, la unión inefable iniciada aquí abajo por gracia y perfeccionada por la Eucaristía!

"El amor vive, pues, con Jesús presente en el Santísimo Sacramento. Comparte todas las riquezas de Jesús. Está unida a Jesús.

"Las necesidades de nuestro corazón están satisfechas. No puede exigir más.

"Creemos en el amor de Dios por nosotros. – ¡Palabra de profundo significado!

"La fe en la verdad de las palabras y promesas divinas es exigida a todo cristiano. Eso es simplemente fe. Pero la fe del amor es más alta y más perfecta. Es la corona de la primera.

"La fe en la verdad sería estéril si no llevara a la fe en el amor.

"¿Qué es ese amor en el que debemos creer?

"Es el amor de Jesucristo, el amor que Él nos testimonia en la Eucaristía, el amor que es Él mismo, amor vivo e infinito". ¡Dichosos los que creen en el amor de Jesucristo en la Eucaristía! Aman, porque creer es amar.

"Aquellos que se contentan con creer en la verdad de la Eucaristía no aman en absoluto, o aman muy poco. Pero, ¿qué pruebas de su amor ha dado Nuestro Señor en la Eucaristía?

"En primer lugar, Nuestro Señor nos ha dado Su palabra en ese sentido. Nos dice que nos ama, que ha instituido su Sacramento solo por amor a nosotros. Entonces, es verdad.

"Creemos en la palabra de un hombre honorable. ¿Por qué habríamos de poner menos fe en la de Nuestro Señor?

"Cuando un amigo desea demostrarle a su amigo que lo ama, se lo dice y le estrecha la mano afectuosamente.

"Cuando Nuestro Señor quiere mostrar su amor por nosotros, lo hace en persona, descartando la intervención de cualquier tercera persona, ya sea angélica o humana. El amor no sufre agentes intermedios.

"Él permanece en la Sagrada Eucaristía para repetirnos incesantemente: '¡Te amo! ¡Debes ver que te amo!'

"Nuestro Señor tenía tanto miedo de que eventualmente lo olvidáramos, que tomó su morada en medio de nosotros, hizo su hogar entre nosotros, puso su servicio a nuestro alcance para que no pudiéramos pensar en él sin recordar su amor. Al darse así, esperaba tal vez no ser olvidado por los hombres.

"Quien reflexiona seriamente sobre la Eucaristía, pero, sobre todo, quien participa en ella, debe sentirse convencido de que Nuestro Señor lo ama. Siente que tiene en Él a un Padre. Siente que es amado como un niño. Siente que tiene el derecho de ir a Él como a un Padre y de hablar libremente con

Él. Cuando está en la iglesia, al pie del tabernáculo, está en casa con su Padre. Lo siente.

—¡Ah! Comprendo por qué a los fieles les encanta vivir cerca de las iglesias, a la sombra del hogar paterno.

"Así, Jesús en el Santísimo Sacramento nos dice que nos ama. Nos lo repite interiormente y nos lo hace sentir. Creamos en su amor.

"¿Nos ama Jesús personalmente, individualmente?" A esta pregunta no hay más que una respuesta: ¿Pertenecemos a la familia cristiana? En una familia, ¿no aman el padre y la madre a cada hijo con el mismo amor? Y si tuvieran alguna preferencia, ¿no sería para los más delicados o enfermos?

"Nuestro Señor tiene para nosotros el sentimiento, por lo menos, de un Padre bueno.

"¿Por qué le negamos ese carácter?

"Pero aún más, mira cómo Nuestro Señor ejercita hacia cada uno de nosotros su amor personal. Viene todas las mañanas a ver a cada uno de sus hijos, en particular, a visitarlo, hablarle y abrazarlo. A pesar de que viene tan a menudo, su visita es siempre tan graciosa, tan amorosa como si fuera la primera. No ha envejecido. Él no se cansa de amarnos y de darse a cada uno de nosotros.

"¿No se da Él a sí mismo entero y entero a cada uno? Y si los comulgantes son más numerosos que los ejércitos, ¿no se divide Él mismo por ellos? ¿Le da menos a alguien?

"Aunque la iglesia esté llena de adoradores, ¿no puede cada uno de nosotros orar a Jesús, conversar con Él? ¿Y no se le escucha, no se le responde tan favorablemente como si estuviera solo en la iglesia?

"Tal es el amor personal de Jesús. Todos lo reciben íntegro y no hacen mal a nadie. Así como el sol derrama su luz sobre todos y cada uno de nosotros, así como el océano pertenece por completo a todos y cada uno de los peces, así Jesús nos pertenece a todos nosotros. Él es más grande que todos. Es inagotable.

"Otra prueba innegable del amor de Nuestro Señor es la persistencia de ese amor en el Santísimo Sacramento.

"¡Cuán conmovedor es este pensamiento para el alma que entiende! Innumerables misas se celebran diariamente en todo el mundo. Se suceden casi sin interrupción. ¿Y cuántas de estas Misas, en las que Jesús se ofrece a sí mismo por nosotros, son desatendidas, cuántas sin asistentes? Mientras, en este nuevo

Calvario, Jesús clama por misericordia, los pecadores ultrajan a Dios y a su Cristo.

"¿Por qué Nuestro Señor renueva sus sacrificios tan a menudo, si nosotros no nos aprovechamos de ellos?

"¿Por qué permanece día y noche en nuestros altares, a los que nadie viene a recibir las gracias que Él ofrece con las manos llenas?

"¡Porque Él es amoroso, Él está esperando, Él está esperando! Si Jesús viniera a nuestros altares sólo en ciertos días, temería que algún pecador, impulsado por el deseo de volver a Él, viniera a buscarlo y, al no encontrarlo, se fuera sin esperarlo. De modo que prefiere esperar al pecador, largos años él mismo, en lugar de hacerle esperar un instante, en lugar de desanimarlo, tal vez, cuando quiera escapar de la esclavitud del pecado.

"¡Oh, cuán pocos tienen siquiera una idea remota del amor de Jesús en el Santísimo Sacramento! Y, sin embargo, ¡es cierto! ¡Oh, no tenemos fe en el amor de Jesús! ¿Trataríamos a un amigo, trataríamos a cualquier hombre, como lo hacemos con Nuestro Señor?"

El alma devota debe anhelar de todo corazón la unión con Cristo en el sacramento

Tomás de Kempis

Imitación de Cristo, Libro 4, Capítulo 13

"¿Quién me dará, oh Señor, encontrarte a ti solo, para que te abra todo mi corazón y te goce como mi alma desea; no hay quien me mire, ni criatura alguna que me interese, ni me afecte en absoluto, sino solo Tú hablándome, y yo a ti, como el Amado suele hablar a su Amado, y un amigo entreteniéndose con su amigo.

"Esto es lo que ruego, esto lo deseo, que esté totalmente unido a vosotros, y que retire mi corazón de todas las cosas creadas; y por la Santa Comunión... Que aprendan cada vez más a saborear las cosas celestiales y eternas.

—¡Ah! Señor Dios, ¿cuándo estaré completamente unido a ti y absorto en ti, y completamente olvidado de mí mismo? Tú en mí y yo en ti; y así, concédenos a los dos continuar en uno.

"En verdad, tú eres mi Amado, el más selecto entre miles, en quien mi alma se complace en morar todos los días de mi vida.

"En verdad, tú eres mi Pacificador, en quien está la paz soberana y el verdadero descanso; de quien sale el trabajo, la tristeza y la miseria sin fin.

"Tú eres, en verdad, un Dios oculto, y tu consejo no es con los inicuos; Pero tu conversación es con los humildes y los sencillos.

—¡Oh! ¡Cuán dulce es tu espíritu, oh Señor, que, para mostrar tu dulzura a tus hijos, te permites alimentarlos con el pan más delicioso que desciende del cielo!

"Ciertamente no hay otra nación tan grande, que tenga a su Dios tan cerca de ellos, como tú, nuestro Dios, estás presente a tus fieles; a quienes, para su consuelo diario y para elevar sus corazones al cielo, te entregas para ser comido y disfrutado.

"Porque, ¿qué otra nación es tan honrada como el pueblo cristiano?

"¿O qué criatura bajo el cielo tan amada como un alma devota, a quien Dios viene para alimentarlos con su gloriosa Carne? ¡Oh gracia inefable! ¡Oh maravillosa condescendencia!

"¡Oh, amor infinito! Singularmente otorgado al hombre.

"Pero, ¿qué devolveré al Señor por esta gracia y por una caridad tan extraordinaria?

"No hay nada que yo pueda darle que le agrade más que si entrego mi corazón enteramente a Dios y lo uno estrechamente a él.

"Entonces todo lo que hay en mí se regocijará en gran manera, cuando mi alma esté perfectamente unida a mi Dios; entonces me dirá: Si tú quieres estar conmigo, yo estaré contigo; y yo le responderé: Concédete, Señor, quedarte conmigo, y estaré contigo de buena gana.

"Este es todo mi deseo: que mi corazón esté unido a ti".

SÉPTIMA MEDITACIÓN
NUESTRA MADRE SANTÍSIMA

En las formas modernas del cristianismo se habla del Niño, pero nunca una palabra sobre la Madre del Niño. El Niño de Belén no cayó del cielo en un lecho de paja, sino que vino a este mundo a través de los grandes portales de la carne. Los hijos son inseparables de las madres, y las madres inseparables de los hijos. Así como no se puede ir a una estatua de una madre sosteniendo a un bebé y cortar a la madre, dejando al bebé suspendido en el aire, tampoco se puede separar a la madre del Niño de Belén. Él no estuvo suspendido en el aire en la historia, sino que, como todos los demás bebés, vino al mundo por y a través de Su Madre. Mientras adoramos al Niño, ¿no deberíamos entonces venerar a su Madre, y mientras nos arrodillamos ante Jesús, no deberíamos al menos estrechar la mano de María por darnos tal Salvador? Existe el grave peligro de que, al celebrar una Navidad sin la Madre, pronto lleguemos a un punto en el que celebremos la Navidad sin el Niño, y estos días ya están sobre nosotros. Y qué absurdo es eso; porque, así como no puede haber una Navidad sin un Cristo, tampoco puede haber un Cristo sin María. ¡Aparta la cortina del pasado y, bajo la luz de la Revelación, descubre el papel e interpreta el papel que desempeña María en el gran Drama de la Redención!

Dios Todopoderoso nunca emprende una gran obra sin una preparación excesiva. Las dos obras más grandes de Dios son la creación del primer hombre, Adán, y la encarnación del Hijo de Dios, el nuevo Adán, Jesucristo. Pero ninguna de estas cosas se logró sin la preparación divina característica.

Dios no hizo la obra maestra de la creación, que fue el hombre, el primer día, sino que la aplazó hasta que hubo trabajado durante seis días en ornamentar el universo. De ninguna cosa material, sino sólo por el fiat de Su voluntad, la Omnipotencia se movió y dijo a la Nada: "Ser"; Y he aquí que las esferas caían en sus órbitas, pasándose unas a otras en hermosa armonía, sin ningún contratiempo ni detención. Luego vinieron los seres vivos: las hierbas que dan fruto como tributo inconsciente a su Hacedor; los árboles, con sus brazos frondosos, extendidos todo el día en oración; y las flores, abriendo el cáliz de sus perfumes a su Creador. Con un trabajo que nunca era agotador, Dios hizo que las criaturas sensibles vagaran por los palacios acuáticos de las profundidades, ya fuera con alas para volar a través del espacio sin huellas, o bien como sin alas para vagar por el campo en busca de su comida y felicidad natural. Pero toda esta belleza, que ha inspirado el canto de los poetas y los trazos de los artistas, no era en la mente divina lo suficientemente bella para la criatura a quien Dios haría señor y señor del universo. Él haría una cosa más: apartaría como jardín selecto una pequeña porción de su creación, la embellecería con cuatro ríos que fluyen a través de tierras ricas en oro y ónice, permitiría vagar en ella a las bestias del campo como domésticas de ese jardín, a fin de convertirlo en un paraíso de la felicidad y el placer más intensos posibles para la tierra. Cuando finalmente ese Edén se hizo hermoso, como sólo Dios sabe cómo embellecer las cosas, lanzó aún más la obra maestra de Su creación, que fue el primer hombre, y en ese paraíso de placer se celebraron las primeras nupcias de la humanidad: la unión de carne y carne del primer hombre y primera mujer, Adán y Eva.

Ahora bien, si Dios se preparó así para su primera gran obra, que fue el hombre, haciendo el Paraíso de la Creación, era aún más conveniente que, antes de enviar a su Hijo a redimir al mundo, le preparara un Paraíso de la Encarnación. Y durante muchos siglos, Él lo preparó por medio de símbolos y profecías. En el lenguaje de los tipos, Él preparó las mentes humanas para algún entendimiento de lo que sería este nuevo Paraíso. La zarza ardiente de Moisés, inundada de la gloria de Dios, y conservando en medio de su llama la frescura de su verdor y el perfume de sus flores, era símbolo de un nuevo Paraíso, conservando en el honor de su madurez el perfume mismo de la virginidad. La vara de Aarón, floreciendo en la soledad del templo mientras estaba aislada del mundo por el silencio y el retiro, era un símbolo de ese Paraíso que, en un lugar de retiro y aislamiento del mundo, engendraría la flor misma de la raza humana. El Arca de la Alianza, donde se conservaban las tablas de la ley, era un símbolo del nuevo Paraíso en el que la Ley en la Persona de Cristo tomaría Su misma residencia.

Dios preparó para ese Paraíso, no solo por símbolos, sino también por profecías. Incluso en ese día terrible cuando un ángel con una espada flamígera estaba estacionado en el primer jardín de la creación, se hizo una profecía de que la serpiente no vencería finalmente, sino que una mujer aplastaría su cabeza. Más tarde, Isaías y Jeremías aclamaron ese Paraíso santo como uno que rodearía al hombre.

Pero los profetas y los símbolos eran una preparación demasiado lejana. Dios trabajaría aún más en Su Paraíso. Haría un Paraíso no invadido por la maleza y los cardos, sino que floreciera con toda flor de virtud; un Paraíso en cuyos portales el pecado nunca había llamado, contra cuyas puertas la infidelidad nunca se atrevería a asaltar; un Paraíso del que fluirían no cuatro ríos a través de tierras ricas en oro y ónice, sino cuatro océanos de gracia hasta los cuatro rincones del mundo; un Paraíso destinado a producir el Árbol de la Vida, y, por lo tanto, lleno de vida y gracia misma; un Paraíso en el que había de ser tabernáculo la Pureza misma, y por lo tanto una inmaculadamente pura; un Paraíso tan hermoso y sublime que el Padre Celestial no tendría que ruborizarse al enviar a Su Hijo a él. Ese Paraíso de la Encarnación, don de la carne, en el que se celebrarían las nupcias, no del hombre y la mujer, sino de la humanidad y la divinidad, es Nuestra Amada María, Madre de Nuestro Señor y Salvador, Jesucristo.

¿Por qué no ha de ser ese Paraíso de la Encarnación inmaculado y puro? ¿Por qué no habría de ser inmaculada e inmaculada? Supongamos que usted podría haber preexistido a su propia madre, de la misma manera que un artista preexiste a su pintura. Además, supongamos que tuvieras un poder infinito para hacer de tu madre lo que quisieras, al igual que un gran artista como Rafael tiene el poder de realizar sus ideales artísticos. Supongamos que tuvieras este doble poder, ¿qué clase de madre te habrías hecho a ti mismo? ¿La habrías hecho de tal tipo que te haría sonrojar debido a sus acciones poco femeninas y poco maternales? ¿La habrías manchado y ensuciado de alguna manera con el egoísmo que la haría desagradable no sólo para ti, sino también para tu prójimo? ¿La habrías hecho exterior e interiormente de tal carácter que te avergonzaras de ella? ¿O la habrías convertido, en lo que respecta a la belleza humana, en la mujer más hermosa del mundo? y en cuanto a la belleza del alma, una que irradiaría toda virtud, toda clase de bondad, caridad y hermosura; ¿Alguien que por la pureza de su vida, su mente y su corazón sería una inspiración no solo para ti, sino incluso para tus semejantes, de modo que todos la admirarían como la encarnación misma de lo que es mejor en la maternidad? Ahora bien, si tú, que eres un ser imperfecto y que no tienes el más delicado concepto de todo lo que es bueno en la vida, hubieras deseado la más hermosa de las madres, ¿crees que nuestro bendito Señor, que no sólo preexistió a su propia madre, sino que tenía un poder infinito para hacer de ella exactamente lo que Él eligió, ¿Querrías, en virtud de toda la infinita delicadeza de su espíritu, hacerla menos pura, amorosa y hermosa de lo que tú hubieras hecho a tu propia madre? Si vosotros, que aborrecéis el egoísmo, y vosotros que aborrecéis la fealdad, la hubierais hecho hermosa, ¿no pensáis que el Hijo de Dios, que odia el pecado, habría hecho a su propia madre sin pecado, y el que aborrece la fealdad moral la habría hecho inmaculadamente hermosa?

Nótese cómo la Sagrada Escritura revela primero implícita y luego explícitamente cómo María es la Madre de los cristianos. San Lucas, al relatar el nacimiento de nuestro Señor, dice que María dio a luz a su "primogénito". Ciertos críticos han argumentado que esto significaba que nuestra Santísima Madre tenía otros hijos según la carne, aunque de hecho las Escrituras indican claramente que ella era virgen. La afirmación "primogénita" puede significar que María iba a tener otros hijos, no por la carne, sino por el Espíritu. Sugiere que ella iba a tener una progenie espiritual, que constituiría el Cuerpo Místico de su Divino Hijo, así como Eva es llamada la "madre de todos los vivientes" o la madre de los hombres en el orden natural. Sara dio un solo hijo al padre de los creyentes, Abraham, y sin embargo es llamada la madre de todo Israel. Hay una clara sugerencia en las palabras "primogénita" de que la que engendró corporalmente a la Cabeza de la Iglesia también había de engendrar espiritualmente a los miembros de la Iglesia. Puesto que la Cabeza y el Cuerpo son inseparables, es cierto que, así como María llevó a Cristo en su seno, llevaba virtualmente todo el

Cuerpo Místico. La madre tierra que lleva la vid también lleva los sarmientos.

Cuando finalmente el Verbo se hace carne, y ella lo lleva al templo en el cuadragésimo día para la purificación, el papel de María en la Redención se hace aún más claro. José estaba con ella ese día, pero el anciano Simeón solo le habló a ella y le recordó que había sido atravesada por la espada del dolor. Simeón, lleno del espíritu profético, esperaba con ansias el día en que este Niño, el nuevo Adán, expiaría el pecado en la Cruz, como el Varón de Dolores, y donde ella, como la nueva Eva, cooperaría en esa Redención como la Mujer de Dolores. Simeón prácticamente le estaba diciendo que el Edén se convertiría en el Calvario, el árbol sería la Cruz y ella sería la Madre del Redentor. Pero si ella es la Madre del Redentor, ¿no fue llamada a ser la Madre de los Redimidos? Y si Cristo era su primogénito, ¿no serían los redimidos sus otros nacidos, hermanos de Cristo e hijos del Padre celestial?

Todo esto se hizo más claro cuando nuestro Señor comenzó a predicar. Un día, mientras partía el pan de la verdad a la multitud, alguien en la multitud anunció que Su Santísima Madre lo estaba buscando. "Pero él respondió y dijo al que le había dicho: '¿Quién es mi madre?'... Y, extendiendo la mano hacia sus discípulos, dijo: "¡He aquí mi madre y mis hermanos!

Porque todo el que hace la voluntad de mi Padre que está en los cielos, ése es mi hermano, mi hermana y mi madre" (Mateo 12:48-50). Estas palabras no significaban una negación de Su Santísima Madre, a quien amaba junto a su propio Padre celestial; Más bien querían decir que hay otros lazos además de los de la carne. El mundo se estaba preparando para el significado más pleno y profundo de las palabras "primogénito". Ese día llegó el viernes llamado Bueno y, en una colina, llamado Calvario. Nuestro Señor ya había dado Sus vestiduras a Sus verdugos. Más tarde, Él iba a entregar Su Cuerpo al sepulcro, y Su Espíritu a Su Padre. Pero Él tiene dos dones preciosos que aún no se le han conferido: Su amado discípulo Juan y Su dolorosa Madre, María. ¿A quiénes podría Él dar tales dones sino los unos a los otros? Y así, a Juan, como representante de la amada humanidad redimida, le dice: "He ahí tu Madre". Luego, mirando a Su Madre, dijo, no "Madre", sino "Mujer", para recordarle su relación universal con la raza del Redentor: "Mujer, ahí tienes a tu hijo". "Ahí tienes tu hijo" – ella ya tenía un Hijo; Estaba colgado del árbol de la ignominia. Iba a tener otro, un hijo de Zebedeo. Juan, pues, era su segundo hijo. Todo se aclara. Su Hijo le dijo que había otra Maternidad que la de la carne; ahora se da cuenta de lo literalmente cierto que era: Ella dio a luz a su primogénito en

Belén, y Su nombre es Jesús; ella da a luz a su segundo hijo en el Calvario. María estaba destinada a tener otros hijos además de Jesús, pero no iban a nacer de su carne, sino de su corazón. Madre de Cristo fue ella en la Cruz. Su primogénito en Belén nació con alegría, pero la maldición de Eva se cernía sobre sus labores en la cruz, porque ahora, como Eva, daba a luz a sus hijos con dolor. En ese momento, María sufrió los dolores del parto espiritual por los millones de almas que alguna vez serían llamadas a la filiación adoptiva del Padre, a la hermandad de Cristo y a la alegría de llamarla Madre. El cáliz de su dolor en la Cruz, como el de su Hijo, se llenó hasta el borde, y nadie sabe cuánto sufrió para convertirse en nuestra Madre espiritual o en la Madre del Cuerpo Místico de su Divino Hijo. Sólo sabemos que los millones de mártires a lo largo de todas las épocas cristianas consideran sus dolores tan insignificantes en comparación con los suyos y tienen escrúpulos en no dirigirse a ella como a la Reina de los mártires.

Si Nuestro Salvador hubiera podido pensar en un medio mejor de llevarnos de vuelta a Él, nos habría puesto en otras manos que las suyas.

Se dicen muchas falsedades sobre la Iglesia Católica. Una de ellas es que los católicos adoran a María. Esto es absolutamente falso. María es una criatura, humana, no divina.

Los católicos no adoran a María. Eso sería idolatría. Pero sí la reverencian.

Y a los cristianos que se han olvidado de María, ¿podemos preguntarles si es justo que se olviden de aquella a la que Él recordó en la cruz? ¿Acaso no sentirán amor por esa mujer a través de los portales de cuya carne, como la Puerta del Cielo, vino a la tierra?

Una de las razones por las que tantos cristianos han perdido la creencia en la divinidad de Cristo es porque han perdido todo afecto por Ella, sobre cuyo cuerpo blanco, como una torre de marfil, subió el Niño "para besar en sus labios una rosa mística".

No hay un solo cristiano en todo el mundo que reverencie a María, que no reconozca a Jesús, su Hijo, como si fuera en verdad el Hijo del Dios Vivo. El prudente Cristo en la Cruz conocía el camino prudente para preservar la creencia en Su Divinidad, porque ¿quién mejor que una Madre conoce a su hijo?

El don de María hizo algo al hombre, porque le dio un amor ideal.

Apenas ha habido una madre en la historia del mundo que no haya dicho en un momento u otro a su hijo o hija: "Nunca hagas nada de lo que tu madre se avergüence".

Cuanto más noble es el amor, más noble es el carácter; ¿Y qué amor más noble se puede dar a los hombres que la mujer a quien el Salvador del mundo eligió como su propia Madre?

¿Por qué el mundo ha confesado su incapacidad para inculcar la virtud en los jóvenes? Sencillamente, porque no ha correlacionado la moralidad con ningún amor más noble que el amor propio. Las cosas mantienen su proporción y cumplen su papel adecuado sólo cuando se integran en un todo más grande.

La mayoría de las vidas son como puertas sin bisagras, o mangas sin abrigos, o lazos sin violines; es decir, que no guardan relación con totalidades o propósitos que les dan sentido.

El énfasis moderno en el sexo es el resultado de arrancar una función de un propósito, una parte de un todo. Nunca se puede manejar adecuadamente a menos que se integre a un patrón más grande y se haga para servirlo.

Ese es, hasta cierto punto, el papel que juega Nuestra Santísima Madre en la vida moral de nuestra juventud católica.

Ella es ese amor ideal por el que se sacrifican los amores y los impulsos menores y más bajos.

El nivel de cualquier civilización es el nivel de su feminidad. Lo que son, los hombres lo serán, porque el amor siempre sale a satisfacer las exigencias del objeto amado. Dada una mujer como la Madre de Nuestro Señor como nuestra Madre sobrenatural, tenemos una de las mayores inspiraciones para una vida más noble que este mundo haya conocido.

A Nuestra Señora –

Hermosa Señora vestida de Azul

Encantadora dama vestida de azul

¡Enséñame a orar!

Dios era solo tu pequeño niño,

¡Dime qué decir!

¿Lo levantaste Uds., a veces,

¿Suavemente, de rodillas?

¿Le cantaste a Él de la manera

¿Mamá me hace?

¿Sostuviste Su mano por la noche?

¿Alguna vez lo intentaste?

¿Contar historias del mundo?

O! ¿Y lloró?

¿Realmente crees que a Él le importa?

Si le digo cosas...

¿Pequeñas cosas que suceden? Y

Haz las alas de los ángeles

¿Hacer ruido? ¿Y puede Él oír

¿Yo si hablo bajo?

¿Me entiende ahora?

Dime, ¿sabes?

Encantadora dama vestida de azul

¡Enséñame a orar!

Dios era solo tu pequeño niño,

Y tú conoces el camino.

(Mary Dixon Thayer)

Salve Regina

Dios te salve Reina Santa, Madre de Misericordia. ¡Salve nuestra vida, nuestra dulzura y nuestra esperanza! A ti clamamos, pobres desterrados hijos de Eva; A ti elevamos nuestros suspiros, lamentándonos y llorando en este valle de lágrimas. Vuelve, pues, abogado misericordioso, tus ojos de misericordia hacia nosotros; y después de este destierro, muéstranos el fruto bendito de tu vientre, Jesús. ¡Oh clemente!, oh piadosa, oh dulce Virgen María. Ruega por nosotros, oh santa Madre de Dios. Para que seamos dignos de las promesas de Cristo. Amén.

Avemaría

Dios te salve María, llena eres de gracia, el Señor es contigo: bendita tú eres entre todas las mujeres, y bendito es el fruto de tu vientre, Jesús. Santa María, Madre de Dios, ruega por nosotros, pecadores, ahora y en la hora de nuestra muerte. Amén.

Letanías de la Santísima Virgen María

Señor, ten piedad de nosotros.

Cristo, ten piedad de nosotros.

Señor, ten piedad de nosotros. Cristo, escúchanos.

Cristo, escúchanos en tu gracia.

Dios Padre del cielo, ten piedad de nosotros.

Dios Hijo, Redentor del mundo, ten piedad de nosotros.

Dios, el Espíritu Santo, ten piedad de nosotros.

Santísima Trinidad, un solo Dios, ten piedad de nosotros.

Santa María, ruega por nosotros.

Santa Madre de Dios, ruega por nosotros.

Virgen santa de las vírgenes, ruega por nosotros.

Madre de Cristo, ruega por nosotros.

Madre de la gracia divina, ruega por nosotros.

Madre purísima, ruega por nosotros.

Madre castísima, ruega por nosotros.

Madre inviolada, ruega por nosotros.

Madre inmaculada, ruega por nosotros.

Madre muy amable, ruega por nosotros.

Madre admirable, ruega por nosotros.

Madre del buen consejo, ruega por nosotros.

Madre de nuestro Creador, ruega por nosotros.

Madre de nuestro Salvador, ruega por nosotros.

Virgen prudente, ruega por nosotros.

Virgen venerable, ruega por nosotros.

Virgen muy famosa, ruega por nosotros.

Virgen poderosísima, ruega por nosotros.

Virgen misericordiosa, ruega por nosotros.

Virgen fidelísima, ruega por nosotros.

Espejo de justicia, ruega por nosotros.

Sede de la sabiduría, ruega por nosotros.

Causa de nuestra alegría, ruega por nosotros.

Vaso espiritual, ruega por nosotros.

Vaso de honor, ruega por nosotros.

Singular vaso de devoción, ruega por nosotros.

Rosa Mística, ruega por nosotros.

Torre de David, ruega por nosotros.

Torre de marfil, ruega por nosotros.

Casa de oro, ruega por nosotros.

Arca de la alianza, ruega por nosotros.

Puerta del cielo, ruega por nosotros.

Estrella de la mañana, ruega por nosotros.

Salud de los enfermos, ruega por nosotros.

Refugio de los pecadores, ruega por nosotros.

Consolador de los afligidos, ruega por nosotros.

Auxilio de los cristianos, ruega por nosotros.

Reina de los ángeles, ruega por nosotros.

Reina de los patriarcas, ruega por nosotros.

Reina de los profetas, ruega por nosotros.

Reina de los apóstoles, ruega por nosotros.

Reina de los mártires, ruega por nosotros.

Reina de los confesores, ruega por nosotros.

Reina de las vírgenes, ruega por nosotros.

Reina de todos los santos, ruega por nosotros.

Reina concebida sin pecado original, ruega por nosotros.

Reina del Santísimo Rosario, ruega por nosotros.

Reina de la paz, ruega por nosotros.

Cordero de Dios, que quitas los pecados del mundo.

Perdónanos, oh Señor.

Cordero de Dios, que quitas los pecados del mundo.

Escúchanos, Señor.

Cordero de Dios, que quitas los pecados del mundo.

Ten piedad de nosotros.

Cristo, escúchanos.

Cristo, escúchanos en tu gracia.

Ruega por nosotros, oh santa Madre de Dios.

Para que seamos dignos de las promesas de Cristo.

Oremos

Derrama, te suplicamos, oh Señor, tu gracia en nuestros corazones; para que nosotros, a quienes se dio a conocer la encarnación de Cristo tu Hijo por el mensaje de un ángel, seamos llevados a la gloria de su resurrección por su pasión y cruz. Por el mismo Cristo nuestro Señor.

Que la asistencia divina permanezca siempre con nosotros.

Que las almas de los fieles difuntos, por la misericordia de Dios, descansen en paz. Amén.

Volamos a tu patrocinio, oh santa Madre de Dios, no desprecies nuestras peticiones en nuestras necesidades; pero líbranos de todos los peligros, oh siempre gloriosa y bendita Virgen. Amén.

ORACIONES DE
MEDITACIÓN
Y PETICIÓN

DE LA ARMADURA DE DIOS

Y

FOLLETOS DE LA HORA SANTA

Cristo a un alma fiel

Tomás de Kempis

La Imitación de Cristo, Libro 3, Capítulo 1

Bienaventuradas las almas que oyen al Señor hablar dentro de ellas, y de sus bocas reciben la palabra de consuelo.

Bienaventurados los oídos que oyen los acentos del susurro divino y no prestan atención a los susurros del mundo.

Oídos felices, en verdad, son aquellos oídos que escuchan la verdad misma enseñando en el interior, y que no escuchan la voz que suena en el exterior.

Ojos felices, cerrados a las cosas exteriores y atentos a las interiores. Bienaventurados los que penetran en las cosas internas y se esfuerzan por prepararse cada vez más mediante los ejercicios diarios, el logro de los secretos celestiales.

Bienaventurados los que procuran estar totalmente atentos a Dios y que se libran de todo impedimento mundano.

Cuida estas cosas, oh alma mía, y cierra las puertas de tus sentidos, para que oigas lo que el Señor tu Dios habla dentro de ti.

Así dice tu Amado: Yo soy tu salvación, tu paz y tu vida; Permaneced en mí, y hallaréis paz.

Deja en paz todas las cosas transitorias y busca las cosas eternas.

¿Qué son todas las cosas temporales, sino engaño? ¿Y de qué te servirán todas las cosas creadas, si eres abandonado por tu Creador?

Desechad, pues, todas las cosas terrenales; hazte agradable a tu Creador y fiel a Él para que puedas alcanzar la verdadera felicidad.

Oración para seguir el
ejemplo de Jesucristo

Tomás de Kempis

La Imitación de Cristo, Libro 3, Capítulo 18

Hija Mía, he bajado del cielo para tu salvación. Asumí tus miserias, no por necesidad, sino movido por amor, para que aprendieras a tener paciencia y pudieras soportar, sin lamentarte, las miserias de esta vida. Porque, desde la hora de mi nacimiento hasta mi muerte en la cruz, nunca estuve sin sufrimiento.

Señor, porque fuiste paciente en la vida, especialmente en el cumplimiento del mandamiento del Padre, es conveniente que yo, un miserable pecador, según tu voluntad, lo tome todo con paciencia y, todo el tiempo que quieras, soporte el peso de esta vida corruptible, para obtener mi salvación.

¡Oh, qué gran agradecimiento me veo obligado a volver a Ti por haberme concedido mostrarme a mí y a todos los fieles un camino correcto y bueno hacia un reino eterno!

Si no hubieras ido antes y nos hubieras instruido, ¿quién se habría preocupado de seguirnos?

He aquí, todavía estamos tibios, a pesar de todos los milagros e instrucciones que hemos oído. ¿Qué sería, pues, si no tuviéramos esta gran luz por la cual seguirte?

Oración contra los malos pensamientos

Tomás de Kempis

La Imitación de Cristo - Libro 3, Capítulo 23

Oh Señor, mi Dios, no te alejes de mí. Oh mi Dios, apresúrate a ayudarme, porque diversos malos pensamientos y grandes temores se han levantado contra mí, afligiendo mi alma. ¿Cómo pasaré por ellos sin sufrir daño? ¿Cómo podré abrirme paso a través de ellos?

"Y el pueblo los tomará y los pondrá en su lugar, y la casa de Israel los poseerá en la tierra de Jehová como siervos y siervas, y harán cautivos a los que los habían tomado, y someterán a sus opresores" (Isaías 14:2).

Yo, dice Él, iré delante de ti, y humillaré a los grandes de la tierra. Abriré las puertas de la cárcel y te revelaré los secretos ocultos.

Haz lo que dices, Señor, y que todos estos malos pensamientos huyan de tu rostro.

Esta es mi esperanza y mi único consuelo, volar a Ti en todas las tribulaciones, confiar en Ti, invocarte desde mi corazón y buscar pacientemente Tu consuelo.

Oración para el Esclarecimiento de la Mente

Tomás de Kempis

La Imitación de Cristo, Libro 3, Capítulo 23

Ilumíname, oh buen Jesús, con el resplandor de la luz interior, y echa todas las tinieblas de la morada de mi corazón. Restringe mis muchos pensamientos errantes y suprime todas las tentaciones que me asaltan violentamente.

Lucha fuertemente por mí y vence a estas bestias malvadas, me refiero a estas concupiscencias seductoras, para que la paz se haga en tu poder, y la abundancia de tu alabanza resuene en tu santa corte, que es una conciencia limpia.

Comanda los vientos y las tormentas; di al mar: "Quédate quieto", y al viento del norte: "No soples". y sobrevendrá una gran calma.

Envía Tu luz y Tu verdad para que brillen sobre la tierra; porque soy como la tierra, vacío y vacío hasta que Tú me ilumines.

Derrama tu gracia desde lo alto; Riega mi corazón con el rocío del cielo. Haced descender las aguas de la devoción para lavar la faz de la tierra, para que produzcan frutos buenos y perfectos.

Eleva mi mente, oprimida por la carga de los pecados, y eleva todo mi deseo hacia las cosas celestiales, para que, habiendo probado la dulzura de la felicidad de lo alto, no tenga placer en pensar en las cosas de la tierra.

Llévame lejos y líbrame de toda comodidad inestable de las criaturas; porque ninguna cosa creada puede aquietar y satisfacer completamente mis deseos.

Úneme a Ti por un vínculo inseparable de amor, porque solo Tú puedes satisfacer al amante, y sin Ti, todas las cosas son frívolas.

Oración por la Caridad y la Tolerancia

(Atribuido a Eusebio, obispo de Cesarea)

Que no sea enemigo de nadie, y que sea amigo de lo que es eterno y permanece. Que nunca me pelee con los que están más cerca de mí; y si lo hago, que me reconcilie pronto. Que nunca trame el mal contra ningún hombre; si alguno trama el mal contra mí, que pueda salir ileso y sin necesidad de hacerle daño.

Que pueda amar, buscar y alcanzar solo lo que es bueno. Que desee la felicidad de todos los hombres y no envidie a ninguno. Que nunca me regocije en la mala fortuna de alguien que me ha hecho daño.

Cuando he hecho o dicho lo que está mal, que nunca espere la reprensión de los demás, sino que siempre me reprendo a mí mismo hasta que me enmiende, y que no obtenga ninguna victoria que me perjudique a mí o a mi oponente. Que pueda reconciliar a los amigos que están enojados unos con otros.

Que yo, en la medida de mis fuerzas, pueda dar toda la ayuda necesaria a mis amigos y a todos los que están necesitados. Que nunca le falle a un amigo en peligro.

Al visitar a los afligidos, que pueda, con palabras suaves y sanadoras, suavizar su dolor.

Que me respete a mí mismo... Que siempre pueda domar lo que se enfurece dentro de mí...

Que me acostumbre a ser amable y nunca enojarme con las personas debido a las circunstancias.

Que nunca discuta quién es malvado y qué cosas malvadas ha hecho, sino que conozca a los hombres buenos y siga sus pasos, en Cristo Nuestro Señor. Amén.

Una plegaria universal

(Compuesta por el Papa Clemente XI)

Oh mi Dios, creo en Ti; fortalece mi fe. Todas mis esperanzas están en Ti; hazlos Tú. Te amo con todo mi corazón; enséñame a amarte cada día más y más. Lamento haberte ofendido; Aumentas mi tristeza.

Te adoro como mi primer comienzo. Aspiro a Ti como mi último fin. Te doy gracias como mi constante benefactor; Te invoco como mi soberano protector.

Concédeme, oh mi Dios, conducirme con tu sabiduría, refrenarme con tu justicia, consolarme con tu misericordia, defenderme con tu poder.

A Ti deseo consagrar todos mis pensamientos, palabras, acciones y sufrimientos; para que en adelante pueda pensar en Ti, hablar de Ti, referir constantemente todas mis acciones a Tu mayor gloria, y sufrir de buena gana lo que Tú designes.

Señor, deseo en todas las cosas que se haga tu voluntad, porque es tu voluntad, de la manera que tú quieres, y por el tiempo que quieres.

Te ruego que ilumines mi entendimiento, que inflames mi voluntad, que purifiques mi cuerpo y que santifiques mi alma.

Concédeme no ser hinchado de orgullo, movido por la adulación, engañado por el mundo o engañado por el diablo.

Dame gracia para purificar mi memoria, para refrenar mi lengua, para refrenar mis ojos y para mortificar mis sentidos.

Dame fuerzas, oh mi Dios, para expiar mis ofensas, vencer mis tentaciones, dominar mis pasiones y adquirir las virtudes propias de mi estado.

Llena mi corazón con un tierno afecto por tu bondad, un odio por mis faltas, un amor por mi prójimo y un desprecio por el mundo.

Que recuerde siempre ser sumiso a mis superiores, paciente con mis inferiores, fiel a mis amigos y caritativo con mis enemigos.

Concédeme, oh Jesús, que me acuerde de tu precepto y ejemplo amando a mis enemigos, soportando las injurias, haciendo el bien a los que me persiguen y orando por los que me calumnian.

Ayúdame a vencer la sensualidad con la mortificación, la avaricia con las limosnas, la ira con la mansedumbre y la tibieza con la devoción.

Oh mi Dios, hazme prudente en mis empresas, valiente en los peligros, paciente en las aflicciones y humilde en la prosperidad.

Concédeme estar siempre atento en mis oraciones, templado en las comidas, diligente en las ocupaciones y constante en las buenas resoluciones.

Que mi conciencia sea siempre recta y pura, mi exterior modesto, mi conversación edificante y mi vida según la regla.

Ayúdame, para que pueda trabajar continuamente para vencer a la naturaleza, para corresponder a tu gracia, para guardar tus mandamientos y para ocuparme en mi salvación.

Ayúdame a obtener la santidad de vida por medio de una confesión sincera de mis pecados, por una recepción devota del Cuerpo de Cristo, por un continuo recogimiento de la mente y por una pura intención de corazón.

Revélame, oh mi Dios, la nada de este mundo, la grandeza del cielo, la brevedad del tiempo y la duración de la eternidad.

Concédeme prepararme para la muerte, temer tus juicios, escapar del infierno y, al final, obtener el cielo, por los méritos de Nuestro Señor Jesucristo.

Una oración de la Iglesia
Bajo penosas persecuciones

Has roto las fuentes y los torrentes; has secado los ríos de Etán.

Tuya es el día, y tuya es la noche; Tú hiciste el alumbramiento de la mañana y el sol.

Tú hiciste todos los confines de la tierra; El verano y la primavera fueron formados por ti.

Acuérdate de esto, el enemigo ha afrentado al Señor; y un pueblo insensato ha irritado tu nombre.

No entregues a las bestias las almas que te confiesan, y no olvides hasta el final las almas de tus pobres.

Respeta tu pacto, porque los que son los oscuros de la tierra se han llenado de moradas de iniquidad.

Que los humildes no sean desechados con confusión; el pobre y el menesteroso alabarán tu nombre.

Levántate, oh Dios, juzga tu propia causa, acordate de tus vituperios con que el hombre insensato te ha afrentado todo el día.

No te olvides de las voces de tus enemigos, porque la soberbia de los que te odian asciende continuamente. (Sal. 73 [74]:15-23)

Oración de San Ignacio

Toma, oh Señor, y recibe toda mi libertad, mi memoria, mi entendimiento y toda mi voluntad. Todo lo que soy, todo lo que tengo, me lo has dado, y te lo devolveré de nuevo para que dispongas de él según tu beneplácito. Dame sólo Tu amor y Tu gracia. Contigo soy bastante rico, y no pido nada más. Amén.

La Oración de la Flecha Dorada

Que el santísimo, el más sagrado, el más adorable, el más incomprensible y el inefable Nombre de Dios sea siempre alabado, bendecido, amado, adorado y glorificado en el Cielo, en la tierra y debajo de la tierra, por todas las criaturas de Dios, y por el Sagrado Corazón de Nuestro Señor Jesucristo en el Santísimo Sacramento del altar. Amén.

RECONOCIMIENTOS

A los miembros de la Fundación Arzobispo Fulton John Sheen en Peoria, Illinois. En particular, al Reverendísimo Daniel R. Jenky, C.S.C., Obispo de Peoria, por su liderazgo y fidelidad a la causa de la canonización de Sheen y la creación de este libro.

http://www.archbishopsheencause.org

A Phillip Lee, de la Diócesis Católica de Peoria, por conceder el permiso para usar la imagen de la Sagrada Hostia en la custodia, que se colocó en el altar mayor de la Catedral de Santa María de la Inmaculada Concepción, ubicada en Peoria, Illinois.

(http://www.cdop.org)

Al personal de Sophia Institute Press por su invaluable ayuda al compartir los escritos del Arzobispo Fulton J. Sheen con una nueva generación de lectores.

http://www.sophiainstitute.com

A la buena gente de 'Bishop Sheen Today'. Valoramos su orientación, apoyo y oraciones para ayudarnos a compartir la sabiduría del Arzobispo Fulton J. Sheen. Su trabajo apostólico de compartir sus presentaciones de audio y video junto con sus muchos escritos a una audiencia mundial es muy apreciado.

http://www.bishopsheentoday.com

A los voluntarios de la Sociedad Misionera Arzobispo Fulton J. Sheen de Canadá: vuestro lema "A menos que se salven las almas, nada se salva", habla de la realidad de que Jesucristo vino al mundo para hacer que la salvación esté disponible para todas las almas.

www.archbishopfultonjsheenmissionsocietyofcanada.org

Y, por último, al Arzobispo Fulton J. Sheen, cuyas enseñanzas sobre la Pasión de Nuestro Señor y Sus Siete Últimas Palabras continúan inspirándome a amar más a Dios y a apreciar el don de la Iglesia. Que seamos tan bendecidos como para imitar el amor del Arzobispo Sheen por los santos, los sacramentos, la Eucaristía y la Santísima Virgen María. ¡Que el Buen Dios le conceda un lugar muy alto en el cielo!

SOBRE EL AUTOR

Fulton J. Sheen (1895-1979)

Arzobispo Fulton J. Sheen, mejor conocido por su popular programa de televisión televisado y sindicado, Life is Worth Living, es considerado hoy en día como una de las figuras más reconocidas del catolicismo del siglo XX.

Fulton John Sheen, nacido el 8 de mayo de 1895 en El Paso, Illinois, fue criado y educado en la fe católica romana. Originalmente llamado Peter John Sheen, llegó a ser conocido como un niño por el apellido de soltera de su madre, Fulton. Fue ordenado sacerdote de la Diócesis de Peoria en la Catedral de Santa María en Peoria, Illinois, el 20 de septiembre de 1919.

Después de su ordenación, Sheen estudió en la Universidad Católica de Lovaina, donde obtuvo un doctorado en filosofía en 1923. Ese mismo año, recibió el Premio Cardenal Mercier de Filosofía Internacional, convirtiéndose en el primer estadounidense en obtener esta distinción.

A su regreso a Estados Unidos, después de un trabajo variado y extenso por toda Europa, Sheen continuó predicando y enseñando teología y filosofía desde 1927 hasta

1950, en la Universidad Católica de América en Washington DC.

A partir de 1930, Sheen presentó un programa de radio semanal los domingos por la noche llamado 'The Catholic Hour'. Esta emisión capturó a muchos oyentes devotos, atrayendo a una audiencia de cuatro millones de personas cada semana durante más de veinte años.

En 1950, se convirtió en el Director Nacional de la Sociedad para la Propagación de la Fe, recaudando fondos para apoyar a los misioneros. Durante los dieciséis años que ocupó este cargo, se recaudaron millones de dólares para apoyar la actividad misionera de la Iglesia. Estos esfuerzos influyeron en decenas de millones de personas en todo el mundo, llevándolas a conocer a Cristo y a su Iglesia. Además, su predicación y su ejemplo personal provocaron muchos conversos al catolicismo.

En 1951, Sheen fue nombrado Obispo Auxiliar de la Arquidiócesis de Nueva York. Ese mismo año, comenzó a presentar su programa de televisión 'La vida vale la pena vivir', que duró seis años.

En el transcurso de su carrera, ese programa compitió por tiempo de emisión con programas de televisión populares presentados por gente como Frank Sinatra y Milton Berle. El programa de Sheen se mantuvo firme, y en 1953, solo dos años después de su debut, ganó un premio Emmy a la "Personalidad de televisión más destacada". Fulton Sheen dio crédito a los escritores de los Evangelios -Mateo, Marcos, Lucas y Juan- por su valiosa contribución a su éxito. El programa de televisión de Sheen duró hasta 1957, con hasta treinta millones de espectadores semanales.

En el otoño de 1966, Sheen fue nombrado obispo de Rochester, Nueva York. Durante ese tiempo, el obispo Sheen presentó otra serie de televisión, 'The Fulton Sheen Program', que se emitió de 1961 a 1968, modelando de cerca el formato de su serie 'Life is Worth Living'.

Después de casi tres años como obispo de Rochester, Fulton Sheen renunció y pronto fue nombrado por el papa Pablo VI como arzobispo titular de la sede de Newport, Gales. Este nuevo nombramiento le permitió a Sheen la flexibilidad para continuar predicando.

Otro reclamo a la fama fueron las homilías anuales del Viernes Santo del Obispo Sheen, que predicó durante cincuenta y ocho años consecutivos en la Catedral de San Patricio en la ciudad de Nueva York y en otros lugares. Sheen también dirigió numerosos retiros para sacerdotes y religiosos, predicando en conferencias en todo el mundo.

Cuando el Papa San Pío XII le preguntó cuántos conversos había hecho, Sheen respondió: "Su Santidad, nunca los he contado. Siempre tengo miedo de que si los contara, podría pensar que los hice yo, en lugar del Señor".

Sheen era conocido por ser accesible y tener los pies en la tierra. Solía decir: "Si quieres que la gente se quede como está, diles lo que quieren escuchar. Si quieres mejorarlos, diles lo que deben saber". Esto lo hizo, no sólo en su predicación, sino también a través de sus numerosos libros y artículos. Su libro titulado 'Peace of Soul' ocupó el sexto lugar en la lista de best-sellers del New York Times.

Tres de los grandes amores de Sheen fueron: las misiones y la propagación de la fe; la Santa Madre de Dios y la Eucaristía.

Hacía una hora santa diaria de oración ante el Santísimo Sacramento. Fue de Jesús mismo de quien sacó fuerza e inspiración para predicar el evangelio, y en presencia de Quien preparó sus homilías. "Le ruego [a Cristo] todos los días que me mantenga fuerte físicamente y alerta mentalmente, para poder predicar su evangelio y proclamar su cruz y resurrección", dijo. "Soy tan feliz haciendo esto que a veces siento que cuando llegue al buen Dios en el Cielo, me tomaré unos días de descanso y luego le pediré que me permita regresar nuevamente a esta tierra para hacer más trabajo".

Sus contribuciones a la Iglesia Católica son numerosas y variadas, desde la educación en aulas, iglesias y hogares, hasta la predicación en un programa de radio publicitado a nivel nacional y dos programas de televisión, así como la escritura de más de sesenta obras escritas. El Arzobispo Fulton J. Sheen tenía el don de comunicar la Palabra de Dios de la manera más pura y sencilla. Su sólida formación en filosofía le ayudó a relacionarse con todo el mundo de una manera muy personalizada. Sus mensajes atemporales siguen teniendo gran relevancia en la actualidad. Su objetivo era inspirar a todos a vivir una vida centrada en Dios con el gozo y el amor que Dios quería.

El 2 de octubre de 1979, el Arzobispo Sheen recibió su mayor galardón, cuando el Papa San Juan Pablo II lo abrazó en la Catedral de San Patricio en la ciudad de Nueva York. El Santo Padre le dijo: "Has escrito y hablado bien del Señor Jesús. Eres un hijo leal de la Iglesia".

El buen Dios llamó a Fulton Sheen a casa el 9 de diciembre de 1979. Sus transmisiones televisivas ahora disponibles a través de varios medios de comunicación, y sus libros, extienden su trabajo terrenal de ganar almas para Cristo. La causa de canonización de Sheen se abrió en 2002. En 2012, el Papa Benedicto XVI lo declaró "Venerable", y en julio de 2019, el Papa Francisco aprobó formalmente el milagro necesario para que el proceso de beatificación y canonización de Sheen avanzara. La hora y la fecha para que la Iglesia declare santo al arzobispo Fulton J. Sheen está en las manos de Dios.

Oración por la canonización del Arzobispo Fulton J. Sheen

Padre Celestial, fuente de toda santidad, Tú que en todos los tiempos has elevado en la Iglesia, hombres y mujeres que te sirven con amor heroico y dedicación.

Tú has bendecido a Tu Iglesia atreves de la vida y ministerio de Tu fiel siervo, el Arzobispo Fulton J. Sheen.

Él ha escrito y hablado bien de Tu Divino Hijo, Jesucristo, siendo un verdadero instrumento del Espíritu Santo para tocar los corazones de las personas.

Si es de acuerdo a Tu Voluntad, para mayor gloria de la Santísima Trinidad y para la salvación de las almas, te pedimos que a través de Tu Iglesia lo proclames Santo. Hacemos esta oración por Jesucristo, nuestro Señor. Amén.

Imprimátur: + Reverendísimo Daniel R. Jenky, C.S.C., Obispo de Peoria

Libros de calidad disponibles a través de

Publicación del Obispo Sheen Hoy

El Calvario y la Misa

Victoria sobre el vicio

Las Siete Virtudes

El sacerdote no es suyo

VISÍTANOS EN

EL OBISPO SHEEN EN LA ACTUALIDAD

http://www.bishopsheentoday.com

DIOS TE AMO